商人道と起業の鉄則

小林宏至著作集【総集編】

㈱甲南アセット 代表取締役
小林宏至 著

あうん社

小林宏至著作集・総集編

総集編・はじめに

初めての拙著『失敗しない　起業の鉄則』を商業界から出版させていただいたのは、２００４年（平成16年）９月でした。その「はじめに」の冒頭に、次のように書いています。

　三十数年の商売人生を振り返ってみて、私はよくよく運に恵まれていたと思います。会社を辞めてゼロから商売を始めたとき、そして再びゼロになって「私のお針箱」や「甲南チケット」を始めた第二創業期においても、良き人との出会いや時流という幸運が味方してくれました。そのことは素直に感謝しています。

　しかしこの幸運は決して棚からボタモチ式にいただいたわけではなく、常に自分の意思で判断し、商機をものにしたということも事実です。とくに幸運の商機は、ぐずぐずしているとすぐ逃げてしまうので、自分から果敢にアタックしないことには掴めません。ただし、せっかく掴んだ商機を、事業として成功させることができるかどうかは、また別の問題です。むしろ商機を掴んだ後の方が肝心なのです。……

ここに記しているように、私は「自分の意思で判断し、商機をものにした」のは事実です。経営者というのは、常に「決断と実行」が求められているのですから、当然と言えば当然なのです。しかしそれだけで事業が成功するかといえば、そうではないと、今は強く思っています。では、何が必要なのかといえば、「良き人との出会いや時流という幸運」、すなわち〝良きご縁〟です。

ご縁というものの有難さというものは、年取るごとに思いが深まってくるものです。若い頃はあまりそんなことを考えることもなく、がむしゃらに走り続けてきました。事業家として生涯現役をまっとうしたいと思っている私は、いまなお走り続けているわけですが、年相応に体力に相談しながら、周りの景色をみながらゆっくりと走っています。

その周りの景色のなかに、これまでのご縁の数々が思い出されます。

この世に誕生するのも、大きくみればそれも一つの縁と言えるでしょう。子は親を選べないと言われますが、実は、子も親を選んで生まれてくるのではないだろうかと思うようになりました。小林家の次男に生まれながら「長男」になったのも、大きな宿命の中の縁だったと……。

私は、兄・姉二人の末っ子として、今の神戸市東灘区本山北町（旧兵庫県武庫郡本山村）に生まれました。ところが兄は私が七歳のときに大腸カタルで亡くなったため、私は長男として育てられました。

私の父・慶雄は生真面目な商売人で、とても世話好きでした。母・いとは自分が十分な教育を受けていなかったことを悔やんでおり、たいへん教育熱心でした。そんな家庭環境であったせいか、私は勉学に真面目で人好きな性格にもなりましたが、そんな性格も父親が世間にほどこした功徳・報恩をもらえたからではないかと思い、つくづく両親に感謝しています。親の功徳をいただけるというのも、周り巡っての一つの縁と言えるでしょう。

神戸岡本の小さな我が家の周りは裕福そうな家がたくさん立ち並んでいました。大阪で商売をする人たちにおいて、芦屋や御影の高級住宅地に家を建てることがステータスだったらしく、その立派な家々にはどんな人が住んでいるのだろうかと、小学生のころ親に尋ねると、「社長さんが住む家」という答えでした。

「よし、ぼくも将来かならず社長になる」

という夢を抱くようになったのはそれからです。こうした住環境に育ったことも一つの縁であり、私の人生を決定づけたモチベーションとなったのです。

少年の夢は叶い、およそ半世紀、私はさまざまな商売にチャレンジして、67歳のときには第３創業として現在の事業を始めました。そして82歳になった今、「１００段ある階段の5段目あたりにいる」と私は周りに公言しています。すなわち私は体が元気なうちは生涯現役として事業を続けるという宣言というわけです。

私は、事業の他にもうひとつ大事なことを始めました。

昨年（令和元年）の1月、長年胸に温めていた振興財団を設立したことです。設立時には一般社団法人小林起業振興財団の名称で登記しましたが、半年後には一般財団法人コーナン財団と改めました。

起業家を支援するコーナン財団は、地域経済の発展に寄与することを「目的」に、次の4点を「事業」として定款に記しています。

（1）アワードによる起業家への賞金授与
（2）起業家への支援
（3）企業経営に係る相談等
（4）その他この法人の目的を達成するために必要な事業

コーナン財団では、「アワードによる起業家への賞金授与」を事業の一つとしておこなっていきますが、私が審査するポイントの一つは、ニーズをしっかり把握したビジネスモデルなのか。そして、そのニーズに対してどのように対応し、どのように社会貢献できるのかといったことです。

刻々と変化する現代社会には、さまざまな課題や問題があり、そこにはさまざまなニーズがあります。そのニーズに対して、信頼性・継続性のあるビジネスモデルで応えていくのが起業家の役割であり使命です。

これまで私は5冊の本を出版してきましたが、それらはいずれも在庫が少なくなりました。そこで本書は、これまでの5冊を「総集編」としてまとめ、２００４年から始めた「起業の鉄則研究会」をはじめ、コーナン財団の参考図書としても活用することになりました。アワードに応募されてくる人たちに読んでもらい、〝失敗しない起業の鉄則〟として参考にしてほしいとの願いからです。

私はどこでも繰り返し言っていますが「事業は、総合的な創造活動」です。これから起業する人たちが、本書を読んで勇気づけられ、あるいは何らかのヒントを得て、ビジネスの創造と発展に役立ててもらえたら望外の喜びです。

令和2年　元旦

小林　宏至

※「まえがき」に記しているように、本書は書きおろしの文章以外は、各章のテーマに合わせて5冊の著書の中から編集しています。文章は、各著書の出版時のままなので、文体（です・ます・である、などの語尾）が混在している章もあります。ご了解ください（編集人）。

小林宏至著作集・総集編　もくじ

第5章 総合的な創造活動と人間力

第7章 起業の鉄則研究会（総まとめ編）……231

序章

有り難いご縁

先祖のルーツという縁

「はじめに」で述べたように、ご縁というのは実に有難くもふしぎなものです。

私は神戸市で生れ育ちましたが、父の父、すなわち祖父の出身地は、兵庫県出石町（現・豊岡市出石町）でした。父は早くから神戸に移り住んでいたので、私と出石町との接点は無くなっていました。にもかかわらず、２００７年の春、出石ニューグランドホテル（現　出石グランドホテル）を購入してオーナーになっています。考えてみれば、これもご縁でした。

２００年ほど前の先祖のルーツとはいえ、父の代には遠い親類筋とは疎遠となり、出石町に行くことはまったくといってよいほどありませんでした。行っても一観光客として訪れるだけです。

ところが、ある人から出石ニューグランドホテルを買い取ってほしいと相談が持ち込まれたとき、最初に思ったことは、「先祖の地である出石町に何か恩返しできないものか」、ということでした。先祖の地でなかったら、おそらく最初から断っていたでしょう。もちろん素人の私がホテルを経営するなどということはとうてい出来ないと思ったのですが、経営するのではなく「オーナーになってほしい」ということだったので、気持ちが動かされたのです。

ちょうどこの年、20年近く経営してきた『甲南チケット』のＭ＆Ａが成立して、資金的な余裕があったことから、この相談に乗ることになりました。つまり、出石町が先祖のルーツであったこと、資金的余裕があったという2つの理由から、オーナーになることを承諾したのです。

　ところが、私はオーナーとして経営にはタッチしないつもりでいたのに、経営者が負債を抱えて倒産、1年後には自ら経営をせざるをえなくなり、それからまる2年後にはホテルを手放す決断をします。毎月多額の赤字が続き、黒字への見通しがつかないまま1年以上たってしまいました。これまでいろいろな商売を手掛けてきましたが、このときほど苦しんだことはありません。どうにかホテルの営業を止めた後も、売却するまでに5年かかりました。

　当時私は第三創業（甲南アセット）に向かうところでした。ホテル経営の失敗は大きな足かせとな

出石グランドホテル（旧出石ニューグランドホテル）

出石川の橋の向こうに出石グランドホテル

りましたが、今となってみれば、これも出石のご先祖が私に与えてくれた貴重な教訓でした。おかげで第三創業した甲南アセットは現在、順調に業績を伸ばしております。

但馬出石の七軒町にすむ棒術指南役

２００年程まえの出石の先祖がどういう人だったのか、私の手元に残っているのはメモ程度の一枚の家系図です。

私の４代前の高祖父（曾祖父の一代前）は、伊藤圭碩という武士でした。生れ年は不明ですが、圭碩の三男で私の曽祖父にあたる鴨谷作右衛門が１８３３年生れ（１９０８年没）ですから、圭碩は江戸時代後期の文化年間、１８００年前後の生れだと思われます。伊藤圭碩の３人兄弟の長男（三郎）・次男（満蔵）は伊藤性で、三男の作右衛門は鴨谷性になっているということは養子に出されたのでしょう。

私の曾祖父にあたる鴨谷作右衛門は、先妻との間に5人、後妻との間に7人、合せて12人（男8人、女４人）の子宝に恵まれていますが、当時、10人兄弟というのも珍しいことではありませんでした。

私の父、小林慶雄は鴨谷作右衛門の六男（10人兄弟）鴨谷類次と沖泉りゑとの間に生まれました。（明治35年5月30日に出生）。

その後、子供の無かった小林重吉と妻さくの養子となり、小林慶雄として成長。

そして、私の母となる松尾いとと結婚。その２人の二男三女の二男として、私、小林宏至は昭和13年1月10日に生まれています。

高祖父の圭碩からみて私は五代目となり、その先には70人以上の人間が生まれており、家系図を眺めているだけでも神妙な気持ちにさせられます。

高祖父のことで分かっていることは、重房流という棒術の指南役で知行２００石取りだったということぐらいです。棒術というのは、長さ６尺（約１８０㎝）ほどの丸い棒を、磨いて手に滑りやすく

太鼓で時を知らせる「辰鼓楼」
札幌時計台とともに日本最古

家老屋敷（歴史資料館）

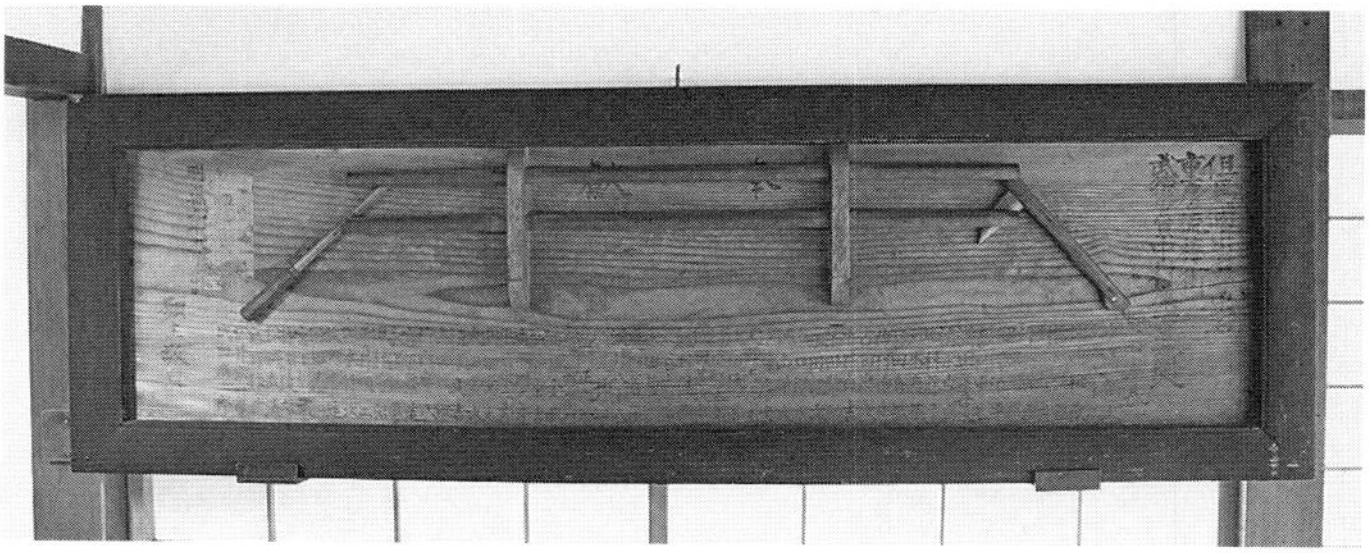

重房流棒術の奉納額（歴史資料館）

して、四方八方自在に振り回したりできるという点で、重い刀や薙刀とは違った効用があったといいます。その手軽さから、身分、階層を問わず広く修練されており、日本各地に多くの流派があり、重房流というのはおそらく高祖父が学んだ武士の名で出石藩だけのものかもしれません。

伊藤圭碩の住まいは城下最西端の「七軒町」というところで、城下町作りの際に、人家が七軒から発足したものか、または著名人の家が七軒あったからか、町名の起源は不明ということです（但馬の城下町『出石を歩く』赤在義信著より）。

現在の出石川沿いにある七軒町は出石城の西北端の方にあたり、因幡道に続く城下の西の玄関口です。東西南北の玄関口の一つとして外敵防御の役割があり、「下級武士の家が四十五軒、農家が十七軒」あったということです。

知行２００石といえば、1石を1両、1両を6万円として単純計算すると、年収は１２００万円ということになりますが、「四公六民」（武士の取り分が四）でいくと、４８０万円ほど。今でいえば平均

出石には人見流棒術もあった

的なサラリーマンの収入ですが、小藩の家老でも1千石程度、旗本クラスでも500石、もっとも身分の低い武士の年収は数十万円だったそうですから、高祖父は重房流棒術の指南役という役職もある中クラスの武士だったのでしょう。

小京都とも言われる出石はいまも伝統文化の香りを残し、中世には「六分の一殿」と恐れられた山名一族の本居地として拓かれました。近世にいたっても但馬地方唯一の城持ち大名の城下町として、石高は5万石あまりでも山陰道の雄藩として栄え、出石そば、沢庵和尚、江戸の三大お家騒動などでも有名です。

そうした先祖の地の歴史探索もゆっくりしてみたいと思いつつ果たせないでいるうちに、出石ニューグランドホテルのオーナーになったわけです。以来、神戸から数えきれないほど出石に通いながら、ホテル経営に頭を悩まし、ついに歴史探訪ができないまま今日に至っています。

それはともかく、誰しも先祖があるからこそ自分の今があり、大なり小なりその縁の中で生かされています。もちろん先祖のルーツがわからなくても生きていけますが、私の先祖が200石取りの棒術指南役であったということは何となく誇らしく思えます。

多くの先人から学んだ指南書

日本の武士道を象徴するサムライ精神というのは、今や世界に誇れるものですが、私はとくに武道やスポーツをしたことはなく、多くの経営者がするゴルフなどにも無縁のままです。大学時代には学問の虫であったわけではありませんが、学者の道に入ることを教授にすすめられたこともあるほどです。

しかし少年の夢「社長さんになる夢」が忘れられず、13年間勤めた川重を退職して商売の道に入りました。そして……、第二創業も一段落した頃、２００３年に商業界から『失敗しない起業の鉄則』という本を出版させていただきました。

その後に出した4冊の本もそうですが、私の著書はいずれも実践的なビジネス書、すなわち商売（経営）の指南書とも言える本だと自負しています。私が学者にならずに、実践的な商売の道に入ったのも、あるいは先祖の血かもしれません。

２００年前の先祖が棒術の指南書を残していたという話は聞きませんし、たとえそれがあったとしても、実践的鍛錬なくして人に秀でる技を習得することはできないでしょう。その意味では、私が書いた本もビジネスの指南書ではあるけれど、基本的な鉄則を一つひとつクリアーしていかないと、成功はとうていおぼつきません。武道の技にしても基本の積み重ねがあってこそ、神技ともいえる高度な技が使えるようになるように……。

『失敗しない起業の鉄則』の中で、「スクラップ&ビルド18の法則」というのがあります。法則とありますが、実践することでそれは「鉄則」となります。後ほど出てきますので、ここでは詳しく述べませんが、法則をどれほど知っているだけでは何ら役に立ちません。

　ここで言う「指南書」というのは、私が机上で学んだことをまとめたマニュアルのようなものとは違います。また私だけが知っている知恵でもありません。むしろ多くの先人たちが、実践経験を積みかさねた中で醸成された知恵です。私は、自分の商売の中でそれらの知恵を活用し、うまく行ったことから、私なりに法則化（体系化）してまとめたわけです。しかし法則は、実践しなれば絵に描いた餅にすぎません。法則を「鉄則」とするまで自らの切磋琢磨が求められることは言うまでもないでしょう。

　宮本武蔵は晩年、『五輪書』をまとめましたが、それを読んだからと言って武道の達人になれません。同じように、私が本書で示している起業（企業）の鉄則も、指南書として活用いただけることは自信を持って言えますが、実践に継ぐ実践あるのみということを肝に銘じてほしいと思います。

　序章以降、第1章からは、『失敗しない起業の鉄則』（商業界　２００３年）を中心として、次の4冊から抜粋しています。

『キャッシュフロー経営で儲ける方法』（日本実業出版社　２００５年）

『商人道に学ぶビジネスの鉄則』（マネジメント社　２００７年）

『あなたの起業応援します』（コスモ21　２０１３年）

『起業の鉄則塾』（あうん社　２０１９年）

第1章

少年の夢と志

灘中1　13歳

終戦もない頃は闇市が横行し、国民は日々食べるものを確保するのが精いっぱいだった。終戦の年に7歳だった私はヒモジイ記憶ばかりが残っている。

鉱工業の生産は戦前の十分の一にまで激減し、日本経済を牽引していったのは糸編産業だった。昭和25年、朝鮮動乱の勃発をきっかけにＧＨＱの日本統治政策を一変させ、日本経済は戦争特需によって蘇った。特需ブームでとりわけ繊維や金属業界の景気がよくなり、鉱工業生産においてはこの年には戦前の水準を超え、翌年には戦前水準を上回った。これは特需のおかげばかりでなく日本の潜在的技術力・生産力の高さを物語っている。

昭和31年の『経済白書』は、「もはや戦後ではない」と新時代の到来を宣言した。昭和30年代の神武景気や岩戸景気をへて、本格的な高度経済成長期を迎えた。技術革新、消費革命（大衆消費時代）、流通革命といった言葉がさかんに言われた。

多くの男たちが熱狂した力道山のプロレスは、そうした勢いのある時代の象徴のようだ。「巨人に大鵬に卵焼き」と言われたように、貧乏の暮らしのなかにも庶民の夢がたくさんあった。「社長になること」が小学生の私の夢となった。

「ぼくは将来、社長さんになります」

私が商売の道に入った最大の動機は何かと考えてみると、小学校の頃に行き当たります。昭和の戦後、みんなが貧しかった時でも、私が住んでいた岡本周辺や阪神間には立派なお屋敷がたくさんありました。阪急岡本駅の山手にはN製鋼の家もあって、それがひと際目立つ大邸宅でした。あんなお屋敷にはどんな人が住んでいるのだろう。その疑問を親に尋ねると、だいたい会社の社長さんが住んでいるという答えでした。

「ああ、そうなんか。会社の社長になればああいう大きな家に住めるのか」

子どもですから単純にそう思います。貧乏人の子ども心には大きな家が憧れでした。そんな気持ちが芽生えていたもので、将来の夢は何かと尋ねられたとき「ぼくは将来、社長さんになります」と作文に書いたのです。

ほとんどの子どもは、学校の先生になりたい、看護婦さんになりたい、電車の運転手になりたいとかいう夢を語りますが、私の夢は社長になることしかなかった。

「そんなアホなこと。お前らみたいな貧乏人は社長になれへん。もうちょっと他のこと言え」

担任の先生は、そんな風に言っていました。今にして思えば、子どもの純真な気持ちを踏みにじるなんて何たる教師かと思いますが、先生は軽い気持ちで笑いながら言ったのです。

「いや、僕は絶対社長になるんや」

私も、先生に対する反骨精神からそう言い張りました。

中学、高校、大学と進んでもこの気持ちは変わらず、就職してからも頭の片隅には、いつか社長になるという志を持ち続けていたわけです。長い人生の間には山あり谷ありですが、志というものがあれば、あらゆる難関を乗り越える力になります。それがどんな単純な動機であっても、一つの志になっていくこともあるわけです。事業をやるためには動機も大切ですが、志そのものを強く持たなければいけないと、今もつくづく思います。Boys be ambitious! です。

政治家になって日本の社会を変えたいとか、人の命を救うために医者になりたい、弁護士になって社会悪と戦いたいなど、志にもいろいろありますが、多くの人は途中で挫折してその志を果たせない。その理由は、一筋に思い込む情熱というかエネルギーが足りないからでしょう。「夢を持ち続ければいつか実現する」といいますが、強い意志をもって夢を抱く、ということがその条件です。

最近のさまざまな青少年問題を見ると、親も子どもも人生の目標を無くしている感じがします。高度成長期においては、いい中学校、いい高校に入り、いい大学に行って、一流会社に入れば人生はエスカレーター式に上がって、生活も保障されるという社会でした。学歴社会は歴然としたもので、一流企業の大きな組織の中ではいい大学を出ていない人は、生活は保障されても、出世コースからはずれて冷や飯を食う。しかも大学も官立のいい大学と、公立、私学というのではやっぱり差が出てくる。そういう階級制度があり、出発点が違えば将来が違うという社会があった。能力があっても中学卒の人が大企業の社長にはなれないし、重役にもなれない。だから、その時代はその時代で、一応、社会全体の目標があったわけです。

ところがバブルがはじけて以降、年功序列制度も崩れ、銀行でも一流企業が倒産するような時代になってきた。一流企業に働いてきた親も、子どもにどういう教育をしたらいいか、自信を無くしている。結局、子どもには子どもの人生があるのだから、おまえの好きにしたらいいと言うしかない。しかしその子どもも自分が何をしたらいいのか分からない。今日の青少年犯罪の増加の背景にはいろいろありますが、日本の社会全体が将来の夢を描けないことが大きな問題点であることは間違いないでしょう。

子どもの時に何でもいいから大きな目標を持たせれば、どんなに社会が変化しても、自分の行く先というのは見えるものです。迷いながらでも、自分の目指す方向に向かっていきます。嵐があっても

1歳　S14

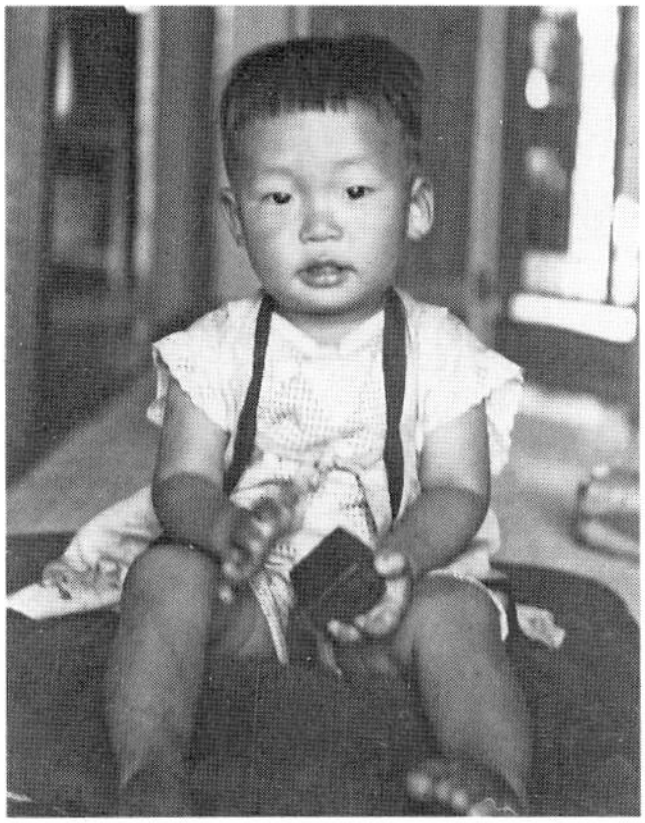

2歳　S15

本山第一小学校5年生　S24

乗り切って行きます。

しかし目指す目標がなかったら、嵐が来たら翻弄されます。船で出航した時に、ニューヨークへ行くのか香港へ行くのか分からなければ、嵐の中で難破します。それと同じように、人生においても方向がはっきりしていないと、何をやっても中途半端に終わるか、チャンスがあってもそれを生かせない。

幸い私の場合は、社長になるという単純明快な目標と志があったから、そのためには自分で独立して商売をするしかないと決断できた。人生の目標を早く確立したので、その方向に向けてすべてを判断して進むことができたわけです。

母の熱意に押されて灘中へ

私が生まれた昭和13年は「国家総動員法」が発令された年でした。資源の乏しい日本は軍事物資の確保が最優先となり、金属や綿製品の使用が統制され一般国民は耐久生活を強いられた。日用品まで代用品になり、陶製なべ、竹製スプーン、木製バケツ、セルロイド製の安全カミソリなどもつくられ、ガソリン・重油なども配給切符制になり木炭自動車が普及していった。

その当時は幼児だったのではっきり覚えていないけれど、戦後、物心がついたころに小学校に上がって、いつも腹を空かせていた記憶は身体に染み付いています。

昭和25年、私が中学校に上がる前年に、朝鮮戦争が勃発して日本は特需景気に湧き、経済は息を吹き返した。繊維産業の「糸へん景気」、鉄鋼産業の「金へん景気」が各産業界を活気づける中、当時の池田蔵相が「貧乏人は麦飯を食べたらよい」と国会で発言したことが社会問題にもなった。日本経済は復活したとはいえ、国民全体はそれほど貧しかったということです。私の家も、麦飯を食わなくてはいけない階層だったと思います。

私の父親はサラリーマンではなく、いわゆる株の相場師でした。田舎の小学校しか出ていないので、

灘中1年　父と　13歳　S26

最初は大阪の商家へ丁稚奉公に入り、そのうち北浜の株屋で仕事をするようになった。他人から給料をもらわずに自分ひとりで生きてきたという一匹狼です。

株屋というのは、いい時もあれば、悪い時もある。その浮き沈みが激しく、今日はよくても明日はわからない。ものすごい金持ちの家が株で失敗して、箱入り娘のお嬢さんもいなくなり、一家離散という現実も私は見ています。私はそういう世界に生きる親の姿を見ているから、いまも博打的な世界は嫌いだし興味もないのです。

家は貧乏でもそれほど悲惨な生活は味わっていませんが、私の両親はともに学歴がなく、特に学歴コンプレックスがあった母親の熱意もあって、私は灘中に進学することになったのです。母親の意のまま小学校5年生の時に、「ぼくは灘中に行きます」と言うと、先生は目を丸くして驚きました。

灘中といえば名門中の名門で、よほど勉強ができる子どもしか入れないし、私学なのである程度裕福な家の子が多かった。また当時の私学は甲南、六中、灘中、甲陽、関学ぐらいしかなく、52人のクラスで私学に行ったのは2人ぐらいです。

「おまえは社長になると言うし、今度は灘中に行くと言うし、いったいどないなっとんねん。そんなもん行けるとこと違う」

そう言って、担任の先生がびっくりしたのも無理はないわけです。ところがその先生は、「ほんまにその気ならもっと勉強せんとあかん」ということで、他の先生を家庭教師として紹介してくれたのです。おかげで灘中の試験に合格し、灘中から灘高へと進むことができました。

灘中に入学して改めて驚いたのは、財閥の御曹司とか大学教授の息子とか、裁判官の息子とか、関西一円の金持ちかエリート家庭の子が多いということです。クラスの友達はみな大きな家に住んでいましたから、貧乏人の息子としては、この6年間の学校生活で社長になりたいという夢がますます膨らんでいきました。母親の学歴コンプレックスのおかげで、私の単純なモチベーションがさらに高くなっていったわけです。

大学は、大阪大学を受験して失敗。東京に行くことも浪人することも親の許しがなかったので、大阪府立大学の工学部工業経営学科を受験して合格します。工場経営の勉強をしたら、いずれ会社の社長になれるんじゃないかという、これもまた単純な発想でした。

川重時代

しかし大学を卒業するとき、どんな会社に入ったらいいのか分からない。そこでまたシンプルに考え、飛行機に憧れていたことから川崎航空機（現川崎重工業）の試験を受けて、昭和35年（１９６０）に入社しました。当時、神戸三宮にあった本社の経営企画室に配属され、会社の経営計画を立てたりする一方、常務会の事務局の仕事も兼ねていました。

昭和35年といえば、日本経済にとって一つのエポックになる年です。安保騒動で世情がゆれる中、岸内閣のあとをうけた池田勇人内閣が「所得倍増計画」を発表したからです。その計画とは、１９６１～７０年までの10年間で、国民総生産を13兆円から26兆円に増やし、一人当りの国民所得も倍増し20万８千円として、西ドイツに次ぐ水準にするという構想です。

　この前年から岩戸景気（１９５９～６１）に入っていたこともあり、政府の発表は国民と産業界全体を活気づけたことは確かです。その計画通り、１９５９～７３までの日本経済は、実質ＧＮＰの年平均成長率は10.9％と驚異的な高度成長を実現し、経済大国への道をひた走りに走り続けたわけです。ついでに言うと昭和35年は、日清食品がインスタントラーメンを発売（昭和33年）してから、他社もこれに追随し即席ラーメンブームが起こり、「インスタント時代」の到来と言われる年です。

「所得倍増計画」に呼応して、大手企業は初めて長期5カ年計画を競って策定するようになりました。日本の経済の発展とともに、我が社はどのような計画を実行すべきかという長期戦略の策定にあたったわけです。

　国の所得倍増計画に沿って、国民総生産、工業生産、機械工業はどうなっていくかというシミュレーションに基づき会社の計画を立てる。私たち新入社員は、その計画の計算業務です。部長や重役の考える計画を数量的に分析して、会社の長期展望を描いていく。その当時は電卓がなかったので、チンチン、チンチンと音がする手回しの計算機で明けても暮れても計算作業です。残業残業で徹夜もしばしばというハードな勤務体制の中、明日の常務会に間に合うように、会議の資料を謄写版でつくったりしました。

そんな猛烈な雰囲気の中で、私はあるときふと考え込んでしまったのです。職場には十数人が働いていて、みな大卒の人ばかりです。私より３年先輩の人たちもいますが、何気なくその先輩を見ると、新入社員の私と同じように計算業務に明け暮れている。

先輩たちの姿で、３年先の自分の姿がわかり、憂鬱な気分になりました。もとより私はサラリーマンで終わるつもりはなかったので、この３年間を充実させるということで、もう一度勉強しようと神戸大学に学士入学することにしたのです。昭和37年（１９６２）に入社して３年目の春でした。

学者になるつもりだったが

本社勤務は残業がないかぎり5時に終わります。その頃はまだ独身なので、アフターファイブの時間はたっぷりある。そこで私は、六甲台にある神戸大学の経営学部専門課程の試験を受け、学士入学することにした。こういう自主的な勉学に対しては、会社も上司も理解があり協力的でした。

授業は6時に始まり9時までみっちり3時間、それが毎日、まる3年間。試験もあるし単位を取らないといけない。会社と学校と家の往復で、遊ぶ暇などまったくなくなったけれど、充実していました。その頃、「レジャー時代の到来」と言われ、東レが「バカンス・ルック」と名付けたサマーウェアを売り出してヒットさせ（１９６３年）、フランス語のバカンス（休暇）が流行語にもなっていました。

しかし私はそんなムードに浮かれることなく、ひたすら勉強に打ち込んでいたのです。

会社では国民経済の分析をして個別企業はどうあるべきかということをやっている。そういう実務をやりながら改めて経営学を理論的に学ぶということは、大学で4年間勉強したときと意識レベルが全然違います。最近では、企業に勤めてからＭＢＡの勉強をする人が増えていますが、私が学んだこともそれと同じです。

大学時代は旅行をしたりしてそれなりにエンジョイしましたが、この神戸大学での夜間授業は大学時代より熱心に勉強に励みました。大学生のときは学問のための学問をしている感じですが、こちらは実学の裏づけがあるから非常に為になるし面白かったのです。

学士入学して1年目になり、本社が東京浜松町に移転することになった。その時、「小林君は大学を卒業した方がいいからここに残れ」と、上司は理解を示してくれました。

そしていよいよ神戸大学の夜学を卒業というときに、母校の大阪府大から「お前はサラリーマンより学者向きやから帰って来い」と話があったのです。将来の夢は社長になることだと、ずっと思い続けてきたにも関わらず、神戸大学に通った3年間は向学心に燃えていた。当時の私の唯一の趣味といえば、本屋に行って専門書を漁ることでした。現在の私を知る人には信じられないだろうし、自分自身も当時の自分は別人みたいに思われますが、とにかく本屋に行くことにわくわくする、そういう時代だった。

大学時代も学問が嫌いというわけではなかったけれど、その頃の私はむしろ学問が面白いと思うようになっていた。そこでついに母校に戻って学者になろうと決心したのです。大阪府の辞令も下りて、身体検査を受けるだけになっていたのですが、その段になって学者になるか商売人になるか、真剣に迷ってしまったのです。

神戸大学で教えを受けた会計学の溝口一雄教授に相談すると、

「そりゃ、学者というのは非常に位の高い職業です。この研究室でいっしょに勉強したらいい」と勧めてくれました。しかし他にもいろんな先生に相談がてらに大学の事情を聞いていくと、私には体質

サラリーマン時代（川重）

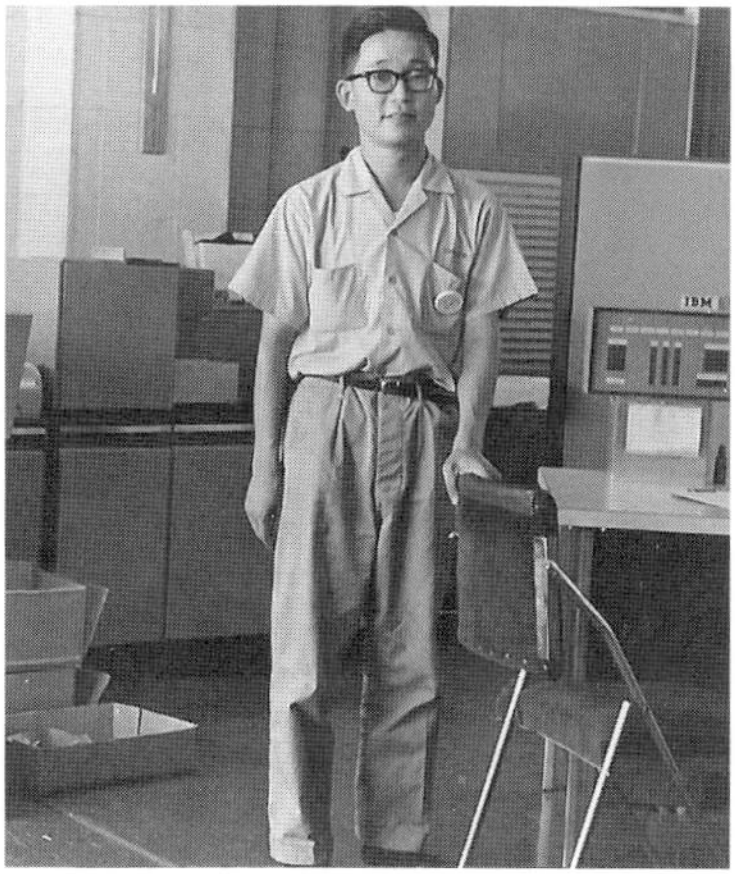

川重時代　32歳　S45

のあわない世界であるということが分かってきた。要は、学者の世界というのは根強い派閥があって、人間関係がわずらわしく、あまりクリーンな世界ではないらしい、ということです。

「そうか、自分はただ学問のことばかり考えていたが、会社組織と同じように複雑な人間関係があるのだ」

　そのときはすでに身体検査も受けて、大学での講座も決まっていたけれど、私の気持ちはいっぺんに萎えてしまった。こうなったらどうにも前に進まない。そこで私は大学に断わりを入れたわけです。その時点で、私は商売人になろうと決心していましたが、今すぐ独立できる自信もないので、「よし、あと何年間はサラリーマンとして経験を積もう」と会社勤めを続けることにしたのです。

　学者になることをやめた以上、もう本は読むまい。私はそう心に決めて、本を読むことをぴたっと止めてしまった。それ以来、本は一切買わなくなりましたが、買ってもせいぜい電車の中で退屈まぎれに読む雑誌くらいなものです。

自分の人生を全うするためには商売するしかない

　13年間の会社勤めを改めて振り返ってみると、私はどちらかといえば社内では浮いた存在だったと思う。いわゆるサラリーマン生活というのは、いっしょに酒を飲んだりマージャンしたりという付き合いが大事ですが、私はほとんどそれをしなかったからです。どんな組織でも、付き合いの悪い人間は自然と除け者になっていく。

　しかし私はそういうことを意識せずマイペースで、３年間大学に通い続けた。もちろん昔はたいへん盛んだったマージャンもしないし、ゴルフもしない。私はいまだにゴルフをやらないし、したいと思ったこともない。商売人は「接待がつきもの」という人が多いけれど、正直言って、私は接待することもされることも好きではない。そのような考え方は嫌いだし、接待が前提という商売なら、その商売には手を出したいとも思いません。

　川重の企画室に配属された私は、一応、エリートコースに入っていたことになります。ラインの仕事はせず、常に新しい企画立案の仕事にかかわっていた。新しい工場建設の計画を立ち上げ、その仕事が現場サイドに移って軌道に乗ると、またそこから新規の仕事をつくっていく。企画室では平社員でも、与えられた仕事をするというより、企業内で自分の仕事を探さないといけない。コンピュータ導入をこうしよう、ＱＣサークルをやろう、ＴＱＣをやろうとか、世の中の情勢を見ながら提唱していくわけです。

　それなりにやりがいのある仕事をやってきたのですが、自分の頭にはいずれ商売人にという思いがあるせいか、同僚たちと出世を競うという意識がほとんどないのです。仕事には情熱をもっていたけれど、どこか醒めた目で会社の人間を見ている。上司からしたらあまり可愛い部下とはいえないタイプです。

本社の企画室は常務会の事務局もしていたので、重役さんたちの姿を見ることも多い。重役さんたちはみな大学を出てから昇進競争に勝ち残った人ばかりです。大企業内の出世競争たるや、それは熾烈なものです。まして当時はモーレツ社員が当たり前のような時代ですから、家庭を犠牲にしてでも同僚より早く出世しようと頑張る。上司に目をかけられ、とんとん拍子に昇進する人がいる一方で、残業や付き合い接待で身体を壊し、一生を棒に振る人もいる。

その頃は年功序列社会でしたから、先輩たちの歩んだコースから読めるわけです。自分もあと10年したら係長になり、課長になり、20年後には部長にもなれるだろう。そして30年後にうまくいけば重役にもなれるかもしれない。下手をすれば平の部長止まりだろう。たとえ重役になっても、その先はどうなるのか。果たしてその時に人生の満足度はどうだろうと、サラリーマンなら誰しもそういうことを考えます。

客観的に見れば、大企業の重役、社長になったところで、しょせんはサラリーマンです。トップの地位になっても、後がつかえているから定年がある。辞めた後はどうなるかというと、あまりいい話は聞かないのです。関連会社に行って社長になる人もいるけれど、それも数年の期間。ほとんどの人の晩年は、社会的な地位が高かったがために、その見栄もあって自転車置き場で管理人をするわけにもいかず、何となく時間を持て余してしまう。そして急に老けてしまい、早死にします。商工会議所の会頭になったりして財界活動をする人もいますが、それはもう何千分の一という確率です。

川重時代　資金調達から建設・レイアウト・生産システムまで担当。
小型エンジン工場建設現場

　それに比べて、中小企業のオーナー社長となると定年もないから歳をとっても元気な人が多いし、神戸で財界活動している人もたくさんいる。たしかに川重の部長や社長といえば、その看板はどこへ行っても通用する。しかし看板はあくまで看板であって、いろいろと比較してみると、大企業で出世競争をするよりも、中小・零細企業の社長になった方が幸せではないかと考えさせられた。自分の人生を全うするためは、やっぱり自分で商売を始めるしかない。そのような思いをますます強くしていったわけです。

　ところが現実問題として、サラリーマン生活から脱するということは、ものすごくエネルギーが要るものです。今でこそ年功序列は崩れ、企業再編やリストラが当然になっていますが、私らの入社時には、重役がこんな訓示を垂れていました。

「君らもこうして入社した以上、絶対辞めたらいかん。僕は戦中戦後を通じて川重で働いてきたが同僚たちが辞めていくときも辞めなかった。その結果、重役にもなった。君らもこれからいろいろ大変なこと辛いこともあるだろうが、どんなことがあっても辞めずに頑張ってほしい。この会社とともに自分の人生を全うすることだ」

会社は家族同然という考え方が常識だった時代ですから、辞めるということは世間的に見ても落伍者です。収入も安定し、それなりの将来性もある。そういう立場にいるサラリーマンが会社を辞めるということは、相当な覚悟と決意が要ります。これは会社勤めを経験した人でないと分からない。

悪いことをして辞めさせられるケースもあるけれど、よほどのことがない限り、せっかく入った一流企業を辞めたいと思う人もいない。出世競争は諦めたとしても生活の安定と保障があるから、家族の反対もあるから辞められない。それでも自分の意志で辞めていく人は、弁護士になったり、公認会計士や税理士になったり、目標がはっきりしている人ばかりです。

私の目標も意志もはっきりしていましたが、猛反対するだろう両親に心配をかけないためにも、辞めてから生活できる目処を立てる必要がある。飛ぶ鳥跡を濁さずで、世話になった会社に対しても、できるだけいい形で辞めたかった。辞める方法をいろいろと考え、そのチャンスをうかがっていたわけです。

第2章

商売のイロハも知らなかった創業期の10年

「国民所得倍増計画」を池田内閣が発表した昭和35年、私は川崎航空機（現・川崎重工業）に入社した。この2年後の昭和37年には、機械製品輸出が繊維製品の輸出を上回っている。この数字も物語るように日本は、奇跡的な戦後復興を果たして、技術力の高い世界の先進国の名を高めていく。

川重本社の企画部に所属した私は、経営陣の経営計画の過程をつぶさに見ることができ、改めて実務に即した勉強をやるなおす必要を感じて神戸大学の経営学部第2課程に学士入学した。会社経営の実際を学問的に見直すことができたこの経験は、のちのちにも大いに役立った。

『経済白書』では「先進国への道」を発表した昭和38年、私は将来の独立を考えながら中小企業診断士の資格を取り、４年後には技術士（生産管理）の登録もしている。

独立後、この資格で仕事をすることはなかったが、自分の会社経営において役立っていることは確かである。ただし起業間もない頃は、学歴や資格は何も役立たない。

独立した昭和48年（１９７３）はニクソン・ショックで変動相場制となり円が急騰、石油ショックでガソリンや紙などが不足、スーパーに買い溜め客が殺到した。そして2年目は、戦後初のマイナス成長、狂乱物価、そして翌年も不況が深刻化した。こうした社会情勢の中でもどうにか商売を軌道に乗せることができた。

資金も人脈もなく商売のイロハなども知らなかっただけに、裸一貫の気持ちで頑張れたのだと思う。創業期の十年間で学んだことは、その後の私のビジネス観と人生観を決定づけたと言ってもよいだろう。

独立したものの不安と恐怖の日々

結婚して数年後の昭和48年、私は意を決して川重を退職しました。

私は中小企業コンサルタントの資格も取得していたので、コンサルタントの仕事もやりながら、そのうちチャンスを掴んだらいいと考えていました。兵庫県の嘱託診断士になり、何社かのコンサルタントの仕事も入りましたが、家族を養っていけるほどの収入はありません。何かいい商売はないかと、いろいろ考えましたが、これという商売をなかなか思いつかないのです。

川重に勤めていたときは、社内で自主的に探せる仕事はいくらでもあったけれど、恥ずかしい話、することがない、行くところがない。太陽が昇ってから沈むまで、することが何もない。これといった趣味もなく働くことしか能がない人間にとって、これはものすごい不安と恐怖です。

定年退職した人が、あるいはリストラで職探しをする人が、行く当てもなくネクタイして家を出る。最近はそういう人をよく街でも見かけますが、そんな惨めな心境が1カ月以上続いたのです。それこそ天国から地獄の心境です。

義母は心配して、「もういっぺん川重に頭を下げて戻してもらいなさい」と言ったりしましたが、そんなことできるはずもありません。しかし潜在意識というのは正直なもので、川重に戻って働いている夢をずっと見続けました。

その夢の中で、会社に行っても私のタイムレコーダーがなくて、仕事もなくて会社でうろうろしている。上司から「仕事せんといかん」と言われても、自分の座る席がない。そんな情けない夢ですが、商売が少しずつ軌道に乗ってからでも10年ぐらい続きました。13年間のサラリーマン生活でもそういうことになるのだから、突然リストラされたり、定年退職した人の気持ちはよく分かります。

商売人になるという私の決意はどこへやら。ただただ毎日ぼんやりして、知恵も浮かばない状態です。俺はこんな情けない人間だったのかと、自分自身へのショックも大きかった。

このままではどうにもならない、気分転換して出直そうと思い、1週間ほどぶらっと1人で旅行に出かけたりしました。そしてようやく気持ちが立ち直ってきたのは、その旅行から帰ってからです。

「小林さん、どこの丁稚してはったんですか」

商売人になるのに、学歴などはまったく関係ありません。むしろ高学歴の人は頭でっかちになりがちだから、商売人には向いていない。商売で成功している人の多くは高卒や中卒の人たちです。日本全国を探しても、少なくとも戦後の昭和ひと桁の世代で、一流大学出の人はいない。いたとしても、その人は誰かに商売道の基本を叩き込まれて成功しているはずです。もっとも今は大卒も多くなっているので、今後のことは分かりませんが、いずれにしても高学歴であれば商売もうまくできるということは絶対ないのです。

だから私も商売を始めてからは、自分の学歴や経歴については一切話さなかった。大丸や高島屋など百貨店などに出入りするようになると、担当窓口の人たちは「小林さん、どこの丁稚してはったんですか」とか「どこの番頭しとったんですか」と聞いたくらいです。昔の徒弟制度の中から這い上がってきた人間だと好感を持ってくれたわけです。

今と違って、当時は老舗の百貨店でも高卒の人が多く大卒は少なかったから、自分の学歴のことなど口にしたら「こいつ、学歴を鼻にかけて」なんて思われてかえって逆効果です。百貨店に限らず取引先の窓口担当者に、「気にくわん奴や」と思われるようでは商売人としてやっていけません。

他の商社の連中も私のことを、「どこの番頭してましたんや」というふうに言ってくれましたが、そのときは「いやー、もう」とか言う程度にして笑って済ませていました。おそらく今でも、私が川崎重工に勤めていたということを知る人は少ないはずです。

商売の世界では学歴なんか関係ない。それは全くの事実ですが、商売人としての勉強はやはり大事です。学ばなければいけないことはたくさんある。実際、私がこうして今日までやってこられたのも、商売を始める前に真面目に勉強してきたことが土台になっていると思います。経済学を知っているし、会計学も知っている。中小企業診断士の資格も昭和38年、25歳のときに取得しています。

「わたしの顧問先企業の中では小林さんが一番会計にくわしいですわ。話をしてもレベルが違いますもの」

ベテランの税理士さんがそう言っていましたが、駆け出しの税理士だったら、むしろ私の方が詳しいかもしれない。もちろん経済学や会計学を知らなくても商売はできますが、知っていて損はない。ただし逆に、知っているから商売人として成功するわけでもない。最後は個々人の志や人間性にかかわってきます。

いくら会計知識があっても肝心の会社経営がおろそかでは価値がないけれど、私の場合、大いに役立っています。売上が伸び、経営規模が大きくなるにつれ会計システムの構築が必要になってきますが、その設計を私は自分自身でやったのです。川重時代の実務経験、神戸大学時代の実学的知識がここに生かされたわけです。

大企業は別として中小企業の場合、会計システムは外部の専門家に外注するのが一般的ですが、私はその基本設計を独自につくり、その設計に基づいたコンピュータ管理の構築をアウトソーシングしています。この会計システムがあるから「甲南チケット」の仕入れや販売、戦略的なスクラップ＆ビルドもやりやすくなっているのです。

独立して商売を始めると、集中して勉強をする時間もなくなります。その意味でも、神戸大学に3年間通ったことは本当によかったと思うのです。商売人に学歴はいらないけれど、商売を続けながらでも、いろいろな意味での勉強は必要です。また、必要を感じてする実学ほど役立つものはないということです。

「立地の大切さ」を学ぶ —— 商売実践 一

どんな商売でもいいからやってみよう。やるしかない。背水の陣の心境で、気持ちが前向きになっていたその時タイミングよく、友人が絵を売ってみないかと誘ってくれたのです。これを紹介してくれた山名武史さん（山名マネジメント事務所）は、私が中小企業診断士を取ったときの同期生でした。山名さんは今でもコンサルタントをしていますが、私が会社を辞めるときも相談に乗ってもらい、ずっと付き合いが続いていたわけです。

絵といっても、本物の絵を印刷した上に筆のタッチをつけた工芸画というもので、大きさは3号から１００号まで、値段は６千円から10万円ぐらいまでいろいろある。モジリアーニとかルノアールとか印象派の有名な絵が多いし、これなら何とか売れるだろうと思いました。

そもそも私には絵の趣味など全くなかったけれど、その時はどんな商売でもよかった。とにかく稼がないといけないということで、それに飛びついたわけです。その工芸画を販売する有吉画材工業（株）の有吉専務にお会いして、少し勉強してからさっそく「甲南美術」という個人営業の会社を、昭和48年（１９７３）に設立しました。

その当時の時代状況を振り返ってみると、日本万国博覧会（ＥＸＰＯ）が大阪府吹田市の千里丘陵で開催されたのは3年前の昭和45年で、その翌年8月に「ドルショック」が起こっています。ニクソ

「アートビューロゆとりろ」店舗　S48　35歳

ン米大統領がドルの金兌換停止を発表し、1ドル＝３６０円の固定相場が暫定的に変動相場となった。

昭和47年（１９７２）には、日中国交正常化、沖縄返還。そして田中角栄首相が「日本列島改造論」を発表したおかげで、開発候補地とされた全国各地に不動産ブローカーが殺到し、大手企業の土地投機も加わって地価が急騰した。土地神話、土地バブル経済の始まりです。

そして昭和48年2月から正式に変動相場制に移行、1ドルが２６０円前後と一挙に30％ほど円高になった。またこの年に、第四次中東戦争の勃発でオイルショックが起り、省エネが叫ばれる中、トイレットペーパーなど買いだめに走る騒ぎが各地で起きた。

こうした時代状況の中にあっても日本経済は成長を続け、「消費は美徳」の風潮がありました。しかし私は会社勤めのときも営業をしたことがないから、そのイロハも知らないし、絵の知識もない。理論ばかりで頭でっかち

の中小企業診断士が考えたことは、店を持てば商売ができるだろうという結論でした。空き店舗があると取り合いの時代でしたが、たまたま家の近くに新築店舗があったので、立地の良し悪しなども考えずそこを借りたのです。

サラリーマン時代に芦屋にマンションを購入していたので、それを売って資金に当て、出店したわけです。ワラをも掴む心境で、店さえあればモノは売れるという考え方しかなかった。ところが店を開けて一日中待っていても、お客は一人も来ない。じりじりしていると、叔父がお祝いに来てくれて、「えらいことやっとんな」と呆れ顔で言いました。

「こんな画商みたいなことは金持ちのボンボンが暇つぶしにやる商売やで。お前らみたいな飯を食わなあかん貧乏人がする仕事ではない。第一、こんな立地の悪いところでは売れん」

そう言われたら全くそのとおり。２日たっても、３日たっても人がちょこっと覗くだけで、全く売れる気配がない。１週間、10日たっても同じで、頭を抱えこんでしまった。「えらいことに金を使こうてしまった」。困った、困ったと思いながらも、後戻りはできない。店さえあればお客が来る。商売ができる。商売をやったことがない私の第一の失敗でした。商売は立地が大切であることを身に染みて学んだのです。

こうなったら外に売りにいくしかない。しかしその時は長女が1歳、長男０歳、それに家内のお腹には3人目の子ができていたので店を手伝ってもらうわけにもいかない。そこで１日１０００円のアルバイトのおばさんに留守を任せて営業に出たわけです。

「電話番しながら編み物や日向ぼっこでもしといてくれたらいい」

雇うというより、あくまでも手伝ってもらう感じですが、この「手伝ってもらう」という形は、後々も私の商売のやり方の一つになっています。

アポイントも取らず、まず神戸のそごう、星電社、大丸など3店に飛び込み営業です。しかしどこの百貨店でも絵画の売場には老舗の画材屋さんが入っていますし、売場担当者はなかなか相手にしてくれません。それでも百貨店には何とか食い込みたい。この商売を成功させるためには、やはり「立地も信用も一流」の百貨店を攻めなければだめだと考えていたからです。ただその一心で、絵画売場がだめならインテリア売場に行ってみようと、発想を切り替えました。

百貨店で大量販売のコツを学ぶ――商売実践 二

その頃の百貨店にはエスカレーターがなかったので、階段を昇り降りする客が多かった。階段の壁にはポスターや絵などが飾られていた。神戸大丸のインテリア売場の担当者に売り込んだ結果、その階段の壁に飾ろうということになったわけです。

展示場所はどこであれ、大丸と取引できるようになったことはありがたかった。しかも絵を飾ってから1週間ほどして、ぼつぼつ売れだしたのです。そしてある日、「この絵を買いたいけど、どうしたらいいんですか」と、客が店の人に尋ねたそうです。店長が4階にある店長室から出てきたときで、その客は店長とは知らなかった。

店長はさっそくインテリア売場の担当者を呼んで、「お客さんが分からないような売り方したらいかん」と注意した。その店長の鶴の一声で、工芸画をインテリア売場に置いてくれるようになったのです。商売というのは、何が幸いするか分からないと、そのとき初めて実感しました。

インテリア売場の柱回りなどには鏡などがいっぱい掛けてありますが、店長の一声でそれらの商品は他に移され、そこに工芸画がずらっと並ぶようになった。鏡の業者にしたら迷惑な話ですが、おかげでうちの工芸画はどんどん売れだしたのです。

あまりにも売れるので、売場担当者から一度催しをしてみようという提案があった。取引先のメー

絵画販売最初の営業ツール　S48

カーにさっそく相談すると、手頃な値段の在庫がたくさんあるという。3号ぐらいの額縁つきで3000円という値段です。「よし、それを売ってみよう」とやってみたら、飛ぶような売れ行きで、私も担当者もびっくりです。

安くていい絵があるというので、開店早々の時間帯は百貨店の店員さんが買いにくるほどで、あっという間にインテリア売場での上位売れ筋商品になってしまいました。

昭和四六年のドルショックで一挙に円高になったおかげで、金持ちは海外にまで絵画や宝石、骨董品などを求めました。一般庶民はそこまで手が出ないにしても、やっと手に入れたマイホームの生活にうるおいを求めるようになり、安い工芸画はインテリアとしては手ごろな商品だったわけです。

売れ筋の絵、人が好きそうな絵はだいたい決まっている。日本人好みの印象派のルノアールやモネの作品、写真のようなロバート・ウッドの森の風景画などがよく売れる。モナリザもよく売れたけれど、絵心のある人が好むピカソやビュッフェの作品は大衆的ではなく売れ筋ではありませんでした。

この世界の名画の販売では、私も一人の販売員として、そのコツや客の購買心理というものを学びました。１点数千万円から何億円もする原画ではなく、印刷技術で大量に複製できる工芸画という商品に出会ったからこそ経験できたわけです。

薄利多売の大量販売のノウハウを学ぶにつれ、商売というものはやり方、工夫次第だとつくづく思いました。そして商売というものがますます面白くなっていったのです。

新規開拓は飛び込みセールスが一番——商売実践 三

神戸大丸での成功で自信がついて、私はこの催しの様子をカメラで撮って、画用紙にその写真をぺたぺたと貼って、すぐに心斎橋の大丸に売り込みをかけました。紹介もなしに、いきなり仕入担当者に面会を申込み、神戸大丸ではこういう催しをしてこれこれの成果があったと説明した。売上や集客の実績があるから話はスムーズに進みます。

私の営業スタイルは、商売を始めたときからずっとこんな調子の飛び込みセールスです。敵状視察をしながら、商品仕入れ担当者の名前を聞き出していくのです。

「商品のことについて話したいんですけども、バイヤーはどなたですか」

店の誰かに尋ねると、会うべき相手の名前を教えてもらえます。そして「こういう者ですが、○○

課長さんいらっしゃいますか」と言ってその部屋を訪ねます。その課長さんは、自分の名前を呼ばれたので紹介者を通じて会いに来たのかと思って、案外すんなり面会できるものです。たとえそのとき相手の都合で会えなくても、会えるまで通い続けます。

「考えとくわ」と相手が返事をしたら、それからまた日参です。

「またあんたかい。いま忙しい」などと断わられても、諦めずに訪問し続けるとそのうち、「また来たんかいな。しつこいなぁ」と言いながら、「いまちょっと時間が空いたから、少し話を聞こうか」と言ってくれます。それまで何度となく断わられていても、たまたま時間が空いたときや、その日の気分で会ってくれる。また、仕事に情熱を持っている相手であるほど、こちらの熱意も通じるものなのです。

紹介者を通じての営業は、下手をすると「紹介者の顔をつぶす」という意識が働いて、まとまる話がまとまらなくなったりもする。つまり、紹介者が壁になってしまうということです。

結局、営業というのは一対一の人間関係を築き、それを醸成することが大切ですから、その意味でも飛び込みセールスの方がやりやすいわけです。現場担当者ではなく、決裁権のある責任者と会って、頃よい時期をみて日参していく。アポイントもとらずに営業に行くのは効率が悪いこともあるし、時と場合によっては、相手に対して失礼になることもあるかもしれません。商売によってはこの方法がベストではないかもしれないけれど、いずれにしても営業は熱意と行動、そしてタイミングが大事です。

営業のイロハを知らなかった私は、心斎橋大丸に続いて京都大丸でも工芸画の催しを成功させ、その勢いを駆って東京の大丸まで飛び込みセールスに行くことになったわけです。こうした経験が新規開拓のノウハウとなり、ひいてはその後の事業展開の原動力の一つにもなっていくのです。

ドミナント戦略を実行――商売実践　四

技術士の資格をもっていた私は、大阪府立大学技術士会の会員になっていました。この会のプロジェクトとして東京のユニオンシューズのコンサルタント業務に参加した折、その仕事の前後に時間をつくり、八重洲口の大丸へ工芸画の売り込みを開始しました。

交渉は意外にすんなりまとまり、インテリア売場に納入できるようになったのです。それから間もなく、テレビの通信販売で工芸画を試しに売ってみようという話が出ました。まだテレビショッピングの走りの時代です。

その頃、東京の大丸では、ＴＢＳの昼の番組で通信販売のコマーシャルを十数秒程流していたので、そのＣＭに人気のある工芸画を三点ほど流してみようというわけです。催し会場では何十点という作品を並べますが、十数秒しか画像を流せないテレビでは3点の絵を並べ、はたしてどうかなと疑問に思いましたが、これがまた驚くほどの反響だったのです。テレビに画像が流れたとたんに、注文の電話が殺到しました。

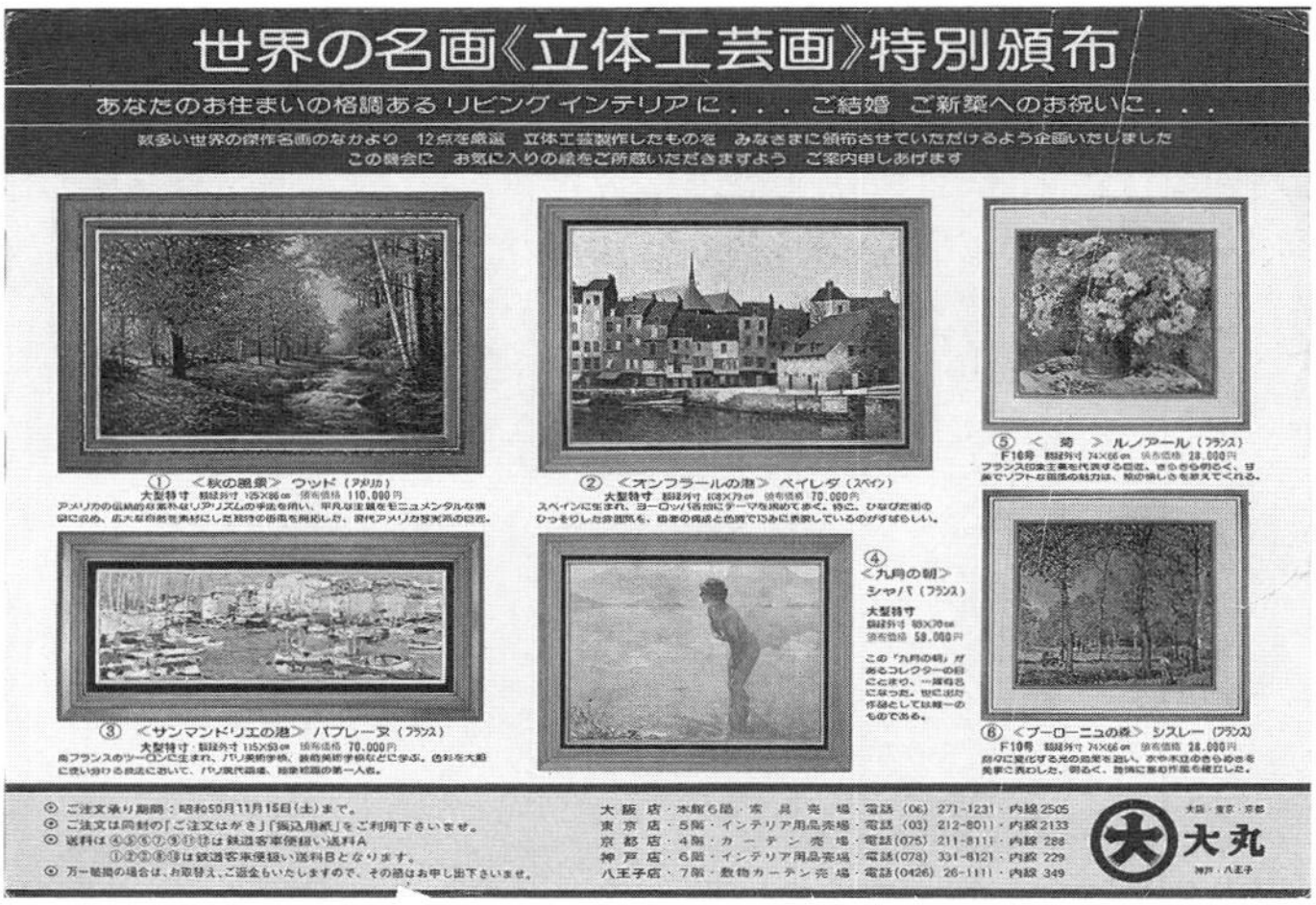

工芸画パンフ　S48

テレビの威力に改めて驚かされましたが、しかし東京でテレビショッピングを続けることには無理があると思い、何度かやってから止めました。東京滞在の間は、安い木賃宿に泊まっていました。これを本格的にやるとしたら東京に事務所を構える必要があるし、物流経費その他いろいろかかる。商売を始めたばかりで資金的余裕もない。たしかに東京の市場は魅力だが、関西だってまだやらなくてはいけないことがたくさんある。販売ルートを点から線に、線から面にしなければいけない。効率を高める商売の常套手段である「ドミナント戦略」を考えて、東京進出は止めようと判断したわけです。

東京進出を止めた代わりに、これからは大阪市場を徹底的に開拓しようと思い、車に商品を積んで毎日のように営業に走りました。運搬用のトラックが欲しかったけれど、まだそんな余裕などありません。

乗用車の助手席、後部座席やトランクの中にも工芸画をびっしり詰めて、大阪市内を走り回りました。
営業効率の向上とガソリン代節約のためにも、大丸への納品の往復だけでなく、新規開拓を兼ねながらルートを決めて走ったのです。国道１７１号線から千里の阪急、大丸ピーコック、そこから御堂筋を下がり、梅田の阪急、そごう、大丸、高島屋、そして天王寺の近鉄、堺や泉北の高島屋までぐるっと廻って帰ってくるというルートです。

ありがたいことに、営業を続けていくと1年もしないうちに千里から大阪一円の有名百貨店のほとんど全ての店舗と取引できるようになったのです。

まだ駆け出しの商社にもかかわらず、百貨店との直接取引です。それなりの社歴や信用力がないと、百貨店は直接取引の口座を開いてくれません。小さな取引先の場合、中間に問屋とか商社を入れるのが普通です。しかし私は、当初から直接取引で開拓をしました。

ワラをも掴む思いで商売を始めた私が、取引先を百貨店に絞り、ドミナント戦略で営業をかけたことが、成功の要因であったと思います。

売れる商品が価値ある商品 ―― 商売実践　五

百貨店の売場には40〜50点の絵を用意して展示するわけですが、売れる絵というのはだいたい決まっています。たとえば１００点展示すると売れるのはそのうちの４〜５点です。その４〜５点が売れ筋商品です。

それなら売れる絵だけを並べたらいいかというと、それでは売れる絵も売れなくなってしまう。たくさんの絵の中から自分が一番気に入った絵を選んだという満足感がないとだめなわけです。

結局、商品の幅をもたさなくては売上（山の頂上）も高くならないということです。つまり大量販売するために品揃えが必要という「セイキ分布」の図式です。そうか、経営学で学んだことはこういうことだったのかと、このとき実際に大量販売のノウハウを掴んだのです。

一番最初に売れる商品が一番いい商品です。だから最初に売れる商品を品切れさせないように用意しておく必要がある。幸いこの工芸画は複製品ですから、いくらでも補充はできます。売れ筋商品を売り場からなくさず、予約販売という形にして売っていきます。予約伝票をどんどんあげて補充するわけです。

商売の下手な人は、一番売れ筋の絵が売れてしまったら、残った売れ筋ではない商品をお客に勧めようとする。それは見当違いというものです。売れ筋商品を売場からなくしたら、いくら商品を山積みにしても売上は上がりません。品揃えというのは、売れ筋商品ばかりを数多く並べることでもないのです。

美人が目立つのは、その美人を引き立てる人がいるからであって、皆がみな美人であったら、少なくともその場ではその他大勢の一人になってしまう。逆にちょっとした美人でも、その回りに引き立て役が大勢いたら、ものすごい美人になる。ある商品を大量販売するには、そういうちょっとした演出が必要だということです。

つまり、正規分布間の中の商品幅がいくら広くても、売れ筋の商品をなくしてしまったら、山（売上）は高くならないのです。現品が１点しか残っていなかったら、それを見本として予約販売するしかないわけです。

ＡＢＣ分析という統計学は、大量販売の商売の常識ですが、よく売れる商品は数点で全体の５％ほどです。ものが売れたら自然とそうなってくる。だからどんな商売でも、売れる商品を徹底的にマークして、品揃えしていかないといけない。

１００点展示すれば１００点の売上、50点展示すれば50点の売上というように、展示数と売上高はほぼ比例します。大量に売れるのはそのうちの数点に限られますが、売れない商品が不良在庫というわけでなく、多くの作品から選んだというお客の満足度を高めるものとして必要なのです。

「時流を読む」ことを学ぶ ―― 商売実践　六

千里から大阪一円の百貨店売場に、アルバイトを派遣して販売するというスタイルをつくり、順調に推移していきました。私は納品のときに、各売場の状況を見て回っていたわけですが、この体制ができて2年目ぐらいの時に、別の商品に出会うことになったのです。

ある日、神戸大丸の当社の販売コーナーを見にいくと、うちの派遣社員がその同じ売場で民芸品を売っていた。私は唖然として、その派遣社員にすぐ注意しました。

「なぜよその商品を売っているのや。うちの絵を売ってもらわないと困るな」

「でも、この民芸品の方がよう売れますし、百貨店の人が売れって言うてますねん」

「ああ、そうか。百貨店が売れというとるのに、いやと言うたらいかんわな」

そうは言ったものの、これはどう考えても理屈に合いません。こういう民芸品は今でこそありふれているけれど、その頃はとても珍しくブームになりかけていました。そこで各百貨店は、世界の民芸品コーナーを競って設置するようになっていたのです。

海外旅行が自由化になったのは昭和39年（１９６４）。しかし10年経過したその当時でも、誰もが気軽に海外旅行を楽しめるほどの余裕はなかった。一流企業のサラリーマンの１日平均の小遣いが１０００円程度ということで、「千円亭主」という言葉が流行りました。もっとも、その3年前が５００円だったので、ずいぶん豊かになっていたわけです。

現実に工芸画よりも民芸品の方が売れているということであれば、私が民芸品を仕入れて売らなければいけないと思い、さっそく輸入商社に当たり、交渉したわけです。その輸入商社の方も当社のような百貨店商社を探していたので、その交渉はスムーズにまとまりました。

百貨店という商売は、品質やブランドの信用力、立地の良さで、坪当たりの売上をいかに高めるかというのが基本です。最高の立地を生かして文化的な催しやイベントをするのも、集客力を増して売上を伸ばすのが最終目的です。

百貨店は、面積当たりの売上目標を確保するために、業者や仕入れを変える。そしてバイヤーや売場担当者は、商品の配列や品揃えに知恵をしぼる。百貨店はそれぞれの商圏の特性や顧客ニーズ、そして時代の流れを読みながら販売計画を立てるという専門的な難しさはありますが、商売の形態という意味で端的に言えば場所貸し商売です。限られた売場スペースを効率的に運用するためには、とにかく売れるモノを置かなくてはいけない。だから売れないモノがどんどん排除されるのは当然です。

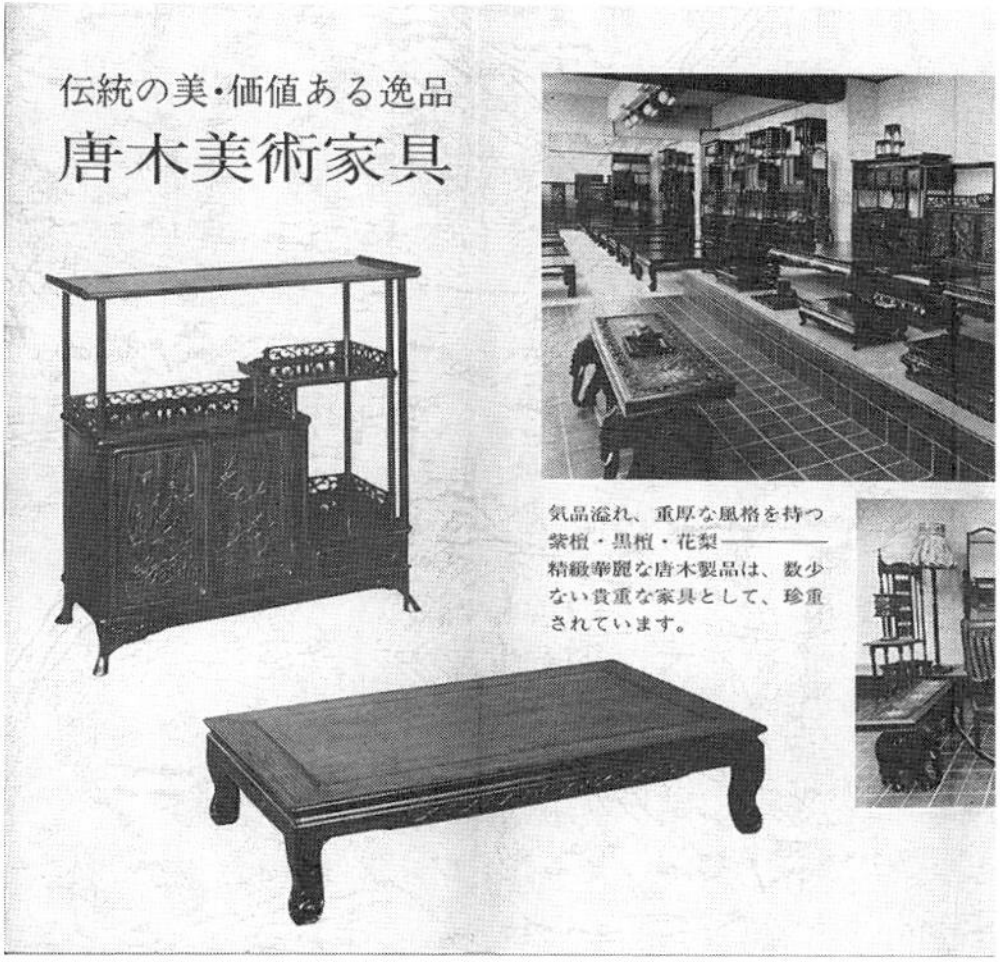

甲南美術社パンフ　S48

百貨店というブランドを利用して商売する以上、私自身の意識を変えて、商売人は売れる商品を供給していかなくては生き残れません。商品というものは寿命があり、その時代のブームに乗って売れる商品があります。フラフープやダッコちゃん、インベーダーゲームなど爆発的に流行したものでも、ブームが過ぎ去れば、誰も見向きもしなくなってしまう。

工芸画が以前ほど売れなくなり、民芸品を扱いはじめた私は、商品の寿命のはかなさを痛感しながら、「時流を読む」大切さを学んだのです。

「撤退するときは素早く」を実感――商売実践 七

昭和54年、私は同じ輸入商社からインド更紗の巻きスカートを仕入れ、百貨店に売り込みました。まず手始めに高島屋でインド更紗を売り出したところ、中年女性を中心に巻きスカートやワンピースがものすごい勢いで売れたのです。さっそく梅田の阪急百貨店の婦人服売場にも売り込むと採用され、売値2000円から5000円までの商品が納品する先になくなっていく有り様です。朝から晩まで何百着と値札をつけるのに忙しい毎日が続きました。

幅広い年齢層の女性に人気を呼んだインド更紗は、2年ほど好調な売れ行きが続いたでしょうか。ところがある日突然、阪急百貨店から縫製が悪いということでクレームがついて、販売停止になったのです。

インド更紗の人気はまだ続いていましたが、私はすぐに撤退作戦を決めました。山のようにある在庫品を、バーゲンセールで全部売り切ってしまったのです。その後も2、3年続けていた同業者は全部倒産していきます。撤退するときはすばやく、というのがこの時学んだ教訓です。

経営の柱であったインド更紗がなくなり、次の柱を探す必要がありました。とくに阪急百貨店の婦人服売場には甲南美術の直接口座があったので、この口座を生かすためにもインド更紗に代わる有望な商品を見つけなければいけなかった。

その当時、神戸にマンションブティックが萌芽しつつあったので、私はそれらのブティックを見てまわり、アパレル産業への参入を試みたりもしました。それと並行して、高島屋の家具売場の口座を生かすために、大型商品の家具販売への参入をもくろんでいました。

インド更紗パンフ　S52

アパレル商社か家具商社か、分かれ道に差しかかっていたわけです。二兎を追う者は一兎も得ずというように、業種もまったく異なる商売を両方成功させることなどできません。結果的には高島屋で進めていた家具商社の道を選択するわけですが、この時の選択が、その後の事業展開のあり方を大きく変えていったのです。

崖っぷちに立って学んだこと —— 商売実践 八

経営の柱となる有力な商品を求めていたとき、仁仙江という唐木家具の店が神戸市東灘区の住吉にオープンしていました。吉田勝社長に面会して話を聞くと、中国製の唐木家具を揃えている、ということでした。10万円から、最高級品は紫檀を材料にした4、5百万円の家具まで品揃えも豊富です。私は、「高島屋でこれを売らせてほしい」と、その場でさっそく交渉しました。

叩き上げの職人気質の吉田社長は、「簡単に売れるものやないで」と最初は否定的な言い方でしたが、私の熱意を感じてくれたのか、「応援しよう」ということになりました。さっそく高島屋のバイヤーや部長をその店に案内したところ、これなら売れるということで、高島屋での販売に成功したわけです。

高級志向の時代ニーズにあった耐久消費製品で、なおかつ価格が高いもの。当時それは百貨店でもよく売れる商品でした。しかし私も吉田社長にしても、百貨店での家具販売は初めてであったしそのやり方が全然分からず、勉強するしかありません。そこで神戸大丸でやっていた家具の催しを二人で視察に行きました。その展示方法だけでなく、百貨店に家具を搬入するときはどんな台車を使うのかといったところから始めたのです。そして高島屋でスタートしたのが、昭和54年のことです。

最初の1週間だけは、仁仙江さんから吉田社長以下スタッフが高島屋の売場に来て全部やってくれたので、1千万円以上の売上がありました。百貨店の仕入れ担当者も認めてくれて、これからも継続していこうということになりましたが、次の週には仁仙江さんがさっさと引き上げてしまったのです。

商品知識も何もない私にしたら青天の霹靂です。

「我々だけでは売場を維持できません。何とか続けて応援してもらえませんか」と頼みましたが、「私のところは商品供給するだけで、売場は甲南さんの仕事です。がんばってやりなはれ」と言うばかり。

しかし商品知識のない者にはこんな高級家具はなかなか売れるはずがありません。売場面積はかなり占めているのに、売上ゼロという日が1週間も続いたら、百貨店側としても考えざるを得ないし、私は信用を失ってしまう。

しかもそんな時に限って、当時民芸品を販売していた大丸や阪急の売場でクレームが発生してしまい、阪急から厳しいお叱りの電話がかかってきて、その処理に走らなくてはならなくなったり、そのパニックに耐えられなくなった社員が突然辞めたいと言い出すしで、もう私自身もピンチです。

真夏の暑い最中、壊滅状態の家具売場のことを気にかけながら必死の思いで裸でトラックを運転してクレーム処理に行ったり、社員の慰留などでくたくたになったその日のことは、今でも脳裏に焼き付いています。

そしてその夜、私は仁仙江さんにすがる思いでもう一度頼みに行きました。

「売れへんから、なんとか手伝ってくれませんか。このままでは売場の維持ができません」

「百貨店の売場は甲南さんの仕事だす」と、頑固な店主はその一点張りです。それでも粘って熱心に頼み込むと、「仕事が終わった夜の時間は自由だから相談にのってあげる」と言ってくれました。それから毎晩、午前の1時、2時まで1週間みっちり勉強したのです。

もしこの時、私が唐木家具の販売を諦めていたら、おそらく今日の甲南チケットもなかったでしょう。仁仙江の吉田社長が私を助けずに突っぱねてくださったことが、私の自立心を奮い立たせることになったと、今でも感謝しています。

商売をしていたら、崖っぷちに立たされることは誰しも一度や二度は必ずあるものです。しかしどんなときでも、最後の最後まで諦めずにやれば、道は必ず拓けるということを学んだのです。

「5年かかることを1週間でもできる」ことを学ぶ――商売実践 九

仁仙江さんへ通って毎晩2時、3時まで寝る間も惜しんで1週間猛勉強し、高島屋での販売が3週目に入った時、その成果は徐々に現れてきました。商品知識を一つひとつ勉強し、心をこめて接客したら、何十万、何百万円もする唐木家具が売れ出したのです。

「この仕事は最低でも5年は修業しないと一人前にはなれん」

「素人の甲南さんがやってもすぐ尻尾をまいて逃げ出すで」

「音をあげるのも時間の問題や」

同業者の間ではそんな噂もされていたようですが、大方の見方とは反対に、逃げ出すどころか徐々に販売力をつけていったのです。そしてついには売場一の販売力をもつ会社に成長しましたが、その土台となったのが遮二無二努力した1週間でした。

商売するのは資格ではなく、やる気と情熱です。「これは難しい、とても不可能だ」と最初から決めつけてしまうのが一番いけない。「人が5年かかるという仕事でも、一生懸命頑張れば1週間でもできる」。私はこの体験を通じて、その後の人生にとって貴重な教訓を得たのです。

どんな商品でも扱うことができるのが本当の商売人だと、私は思います。しかし、いまの世の中は目まぐるしく変化する時代です。時代の変化に対応していくためには、事業の立ち上げに5年もかけていられません。どんな変化にも迅速に対応し、短期間で事業を立ち上げていかなければなりません。そんなノウハウを、私はこの経験を通じて体得したのです。

セールストークをお客から学ぶ――商売実践　十

「小林さん、頭でっかちになるなよ。汗をかかなあかん」

商売を始めた頃、この道の先輩たちからよくそう言われ、私もそのつもりで一生懸命汗をかいてきました。工芸画や民芸品、インド更紗のときでも、私は営業や仕入れ・納品をやりながら時間のある限り売場に立って販売してきた。ある時は販売員、ある時は運転手、ある時は社長、ある時は配達係というふうにすべてのことを自分でやって、朝は朝明け、夜は夜更けまで年中無休の24時間営業です。

そして、商品の搬入搬出は学生アルバイトに手伝ってもらうという形で続けてきたわけですが、高級な唐木家具ともなるとそうはいきません。これまでの商品はいくら売れても１週間に１００万、２００万円の単位ですが、唐木家具は１０００万、２０００万円の世界です。

どんな部屋に合うのか、どういう使い方をするのかといった商品知識だけでなく、お客様の購買心理に応じた販売ノウハウが求められます。とくにこういう高級な家具を買うお客様は、目も肥えているし商品知識も豊富です。だから販売員が、お客様がまだ知らない知識を一つでも持っていたら、「この人、なかなかよう知ってるな」と安心するし、信頼してくれます。

好きな人は毎日のように見に来て、手で撫で回して木の感触を確かめたりします。あるいは自宅に持っているものと比べてみたり、木の知識や歴史的な蘊蓄を話したり、とにかく凝り性の人が多い。

そんな人を相手に話をするわけですから、ただこの商品は素晴らしいですよというだけでは売れません。お客様が話すことに、「いやぁ、お詳しいですね。勉強になりました」と感心したように頷いて、プライドをくすぐったりすることも必要です。そうやってお客様が話す情報知識を吸収することが武器になり、次の販売に役立っていくわけです。

最初の頃は、私のセールストークを聞いた販売のプロが、

「なんや小林さん、めちゃめちゃ言うとんな」と笑っていましたが、私は真剣に話しているから、お客には通じるのです。

しかしそれだけでは商売として長続きしないし、やはり商品知識はしっかり学ぶと同時に、その商品を愛好するお客様の心理をつかまないといけません。私は仁仙江の吉田社長から学んだ基礎知識をベースに、一人ひとりのお客との会話のキャッチボールを繰り返す中で、多くの商品知識や販売ノウハウを蓄積していきました。

その気さえあれば、お客様から計り知れない多くのことを学べるわけです。

「手伝い」のありがたさが身に染みる――商売実践 十一

昭和54年にスタートして唐木家具販売は、その後数年間は非常に順調に推移していたのですが、昭和58年頃から売上が急速に下降しだし、59年には赤字を計上するようになり、やむを得ず社員をリストラしていくうちに、とうとう最後には私一人になってしまいました。

そこで販売は社員の代わりにアウトソーシングとして、プロのマネキンさんに手伝ってもらうことにしました。日当は相場の倍払うという条件で、優秀なマネキンさんを確保しました。さすがに優秀なマネキンさんは売上も確実に上げてくれるので、それだけの価値は十分にありました。

家具の搬出入などの力仕事は、男子学生アルバイトです。必要なときだけ日当1万円ほどで来てもらうわけです。しかし配達は私一人で出かけなくてはなりません。唐木家具は、小さな机ひとつにしても紫檀製品は何十キロとあって、とても一人では運べません。そこで私はやむを得ず「人手の現地調達」という方法をとることにしました。

現地に着いてから、塾帰りの中学生などを見つけて、「ちょっと僕、手伝ってくれへん」と、５００円ほどで即席のアルバイトを頼むわけです。子どもさんが怪我しないように、商品や部屋の壁が傷付かないように細心の注意をはらいながら、全身全霊の力をふりしぼって家具を搬入します。本当に人手に困っていたこの時期、見知らぬ子どもさんにでも手伝ってもらったときは、「ああ、助かった」と、涙が出るほどうれしかったものです。

自分一人でもやり遂げるという強い信念がなければ仕事はできません。しかしそんな信念をもっていても、一人ではどうしてもできないことがあります。95％まで自分の力を振り絞ってやるとしても、あとの５％はどうしても人の手助けが必要なことがあるわけです。

私はまさにこのとき、この「手伝っていただくことのありがたさ」を学んだのです。

ファミリーのありがたさを学ぶ —— 商売実践　十二

家具販売を一人になって営業するなか、ある時は小学生の息子にも手伝ってもらいました。それまで何人もの人を雇い羽振りもよかっただけに、「甲南さんも落ちぶれたものやな」といった声も聞こえてきました。その頃、家具商社の何社かが倒産していましたので、正直なところ私も恥ずかしく、惨めな心境でした。

ところが高島屋の部長は、こんな私の姿を見て、こう言ってくれたのです。

「甲南さんは、最後はファミリーがあるから絶対つぶれませんな。立派なものや」

その一言に、私はどんなに励まされ、勇気づけられたことか。そしてつくづく思いました。

商売は見栄や外聞ではない。何ごとも諦めず最後まで一生懸命頑張る姿が人に感動を与え、応援もしていただけるのだ、と。この苦境のときに見栄をはってやり続けていたら、赤字はいっそう拡大し、間違いなく倒産に追い込まれていたでしょう。見知らぬ人に手伝ってもらうこともありがたいけれど、やはり最後はファミリーの支えと結束ほど強いものはないということを実感しました。

信用連鎖のない商売のもろさを知る――商売実践　十三

昭和56年、唐木家具がまだ売れていた頃に、ある人から健康器具のシステム販売をやらないかと誘いを受け、私はその仕事に熱を入れるようになりました。いわゆる健康産業がブームになりかけていた時期でした。

その商品は健康寝具で、商品力は確かなものであり、私は今でもこの寝具を使用しています。値段的にも十数万円なので、数百万円の唐木家具も売ってきた私にしたら難しい商売ではありません。結局、私はこれに飛びついて、東洋ヘルシーという会社までつくり4年ほど続けました。

このシステム販売の組織には、人を動機づけて販売を伸ばし、高収入を得ているトレーナーがいっぱいいます。実は私もそのトレーナーの一人として全国を走り回り、全国トップクラスの実績を上げたと自負しています。しかし私は、これからますます業績が伸びるというときに、あっさりと撤退したのです。その理由を一言で言えば「このビジネスには、商売において最も大切な信用連鎖がない」と思ったからです。システム販売の長所の一つは、無店舗販売で基本的に誰もが参入できるということです。また、体験伝達販売（口コミ販売）は販売方法として原点でもあるわけですが、誰でも参入できるというところが逆に欠点にもなるわけです。

つまり、商売の原点であるところの「信用」のない人でも簡単に参入できるということ。信用を失っている人たちの敗者復活の場でもあるということです。そのために、一部に不正を働く人たちも参入してきます。ジャパンライフやベルギーダイヤモンドは、マネーゲームのやり方で社会問題にもなり、まともなシステム販売全体のイメージダウンになりました。

商品やそのシステム販売そのものは素晴らしいものであっても、それに参加する多くの人たちは真面目であっても、その一部の人たちの不正やマネーゲームによって、組織全体が怪し気なものに見えてしまう。私はそういう不正を働く一部の人たちの人間模様に嫌気がさしただけでなく、自分の信用さえ失いかねないと思い、撤退したわけです。

「金よりも信用が第一やで」

私が商売を始めた頃から、先輩たちによく言われていましたが、そのことを改めて肝に銘じました。そして商人道の原点に戻り、これからは自分の店舗とブランドで商売をしていこうと意を決したのです。

商売のライフサイクルを学ぶ ―― 商売実践　十四

昭和48年の工芸画の販売に始まり、民芸品（50年）、インド更紗（52年）、そして唐木家具（54年）、そして健康産業（56年）を手掛けてきました。

この十数年間を振り返ってみると、私は2年ごとに新規の商売を始めていますが、これらの商品のライフサイクルは平均4年でした。それを過ぎると、まったく売れないというのではないけれど、売上が急に下がり販売コストが嵩むのです。

新しい商売を一生懸命頑張ってやると、1年目で売上は上がります。2年目に最大ピークを迎えますが、3年目には陰りが見え、4年目になると後退というパターンです。ということは、このパターンからして、次の商売を立ち上げるのは2年目の最盛期に行わなければならないということになります。

本来なら私も、健康産業（56年）を始めて2年目の昭和58年に、次の事業を立ち上げるべきだったのです。ところが健康産業があまりにも拡張してその忙しさのあまり、次の手を打つことを怠ったわけです。そして昭和59年に健康産業から撤退したときは家具販売も赤字を計上していたのです。時すでに遅し、です。

商売人は、時流を読みながら、その時代のニーズに合った商品を供給するのが仕事です。しかし現業が引き潮になった時に慌てて次の商品を探したり、新規事業を立ち上げるというのは大変なことです。私はそれに気付くのが遅れたがために、その苦しみを味わうことになったのです。

引き潮時の事業立ち上げの難しさを知る――商売実践 十五

商売を続けているうちには、にっちもさっちも行かなくなることは誰しも経験します。昭和59年、健康産業から撤退したこの頃は、いろいろな意味で私にとって最大のピンチだったといえるかもしれません。

「しんどい時には歯を食いしばって頑張らないといけない。時にはじっと動かずに、待つということが大事なんだ。唐木家具の販売は素人には無理だと言われても、人が5年、10年かかるところを、一週間でやってきたではないか。いずれまたチャンスは訪れる」

毎日、自分自身にそう言い聞かせるのですが、夜も眠れず、うとうとしたと思ったら夢にうなされ、夜中にぱっと目が覚めてしまうのです。漆黒の中で不安と恐怖にさらされて、このまま朝が来ないような気にもなります。しかし、じっとしていたら必ず朝が来る。「朝の来ない夜はない」と、自分に言い聞かせてきました。とはいえ、次の有力商品がそう簡単に見つかるわけでもない。新しい事業を立ち上げようにも、本業の方がうまくいっていないので、そちらで時間もお金もエネルギーも消耗してしまいます。ますます焦ってきて、よいアイデアも浮かばない。また長い夜が来て、眠れない不安と戦うしかない。

当時の私は、精神的にも経済的にも最悪の事態でしたが、この時期を何とか乗り越えたことが今日につながっているわけです。

窮地に陥ったときこそ、大変な忍耐力が必要です。そういうことは商売につきものと思い、頑張るときは頑張るしかない。しかし商売が順調でも、撤退するときは撤退を急がなければいけない。逃げることと積極的な撤退はまったく違います。撤退の見極めが遅いから、取り返しのつかない大きな失敗になってしまうのです。よく言われるように、「勇気ある撤退は商売の法則」です。

どんな商売をするにしても、順風満帆で行くはずがないのだから、苦しいところで逃げたら終わりです。人生そのものの敗北です。また、そこを挑戦して乗り切らないと、いつまでたっても商売人としての自信がつかない。諦めない限り、必ず展望は開ける。私はそう信じて、売上が下降していた唐木家具の商売で何とか糊塗をしのぎながら新たな事業を開拓していったのです。

そこから「第二の創業」が始まるわけですが、このときに学んだ教訓は、逆風で苦しいときこそ踏ん張り、順風のときこそ次のことを考えて新規事業を立ち上げなければいけない、ということです。

私は第二の創業期では、身につまされたこの教訓を忘れず、スクラップ&ビルドを徹底させていったのです。その展開は少々複雑なので、創業当時から現在（第三創業）に至るまでの歩みを年表（82〜83ページ）で整理してみました。

起業・異業種展開の経過（創業から第三創業の現在まで）

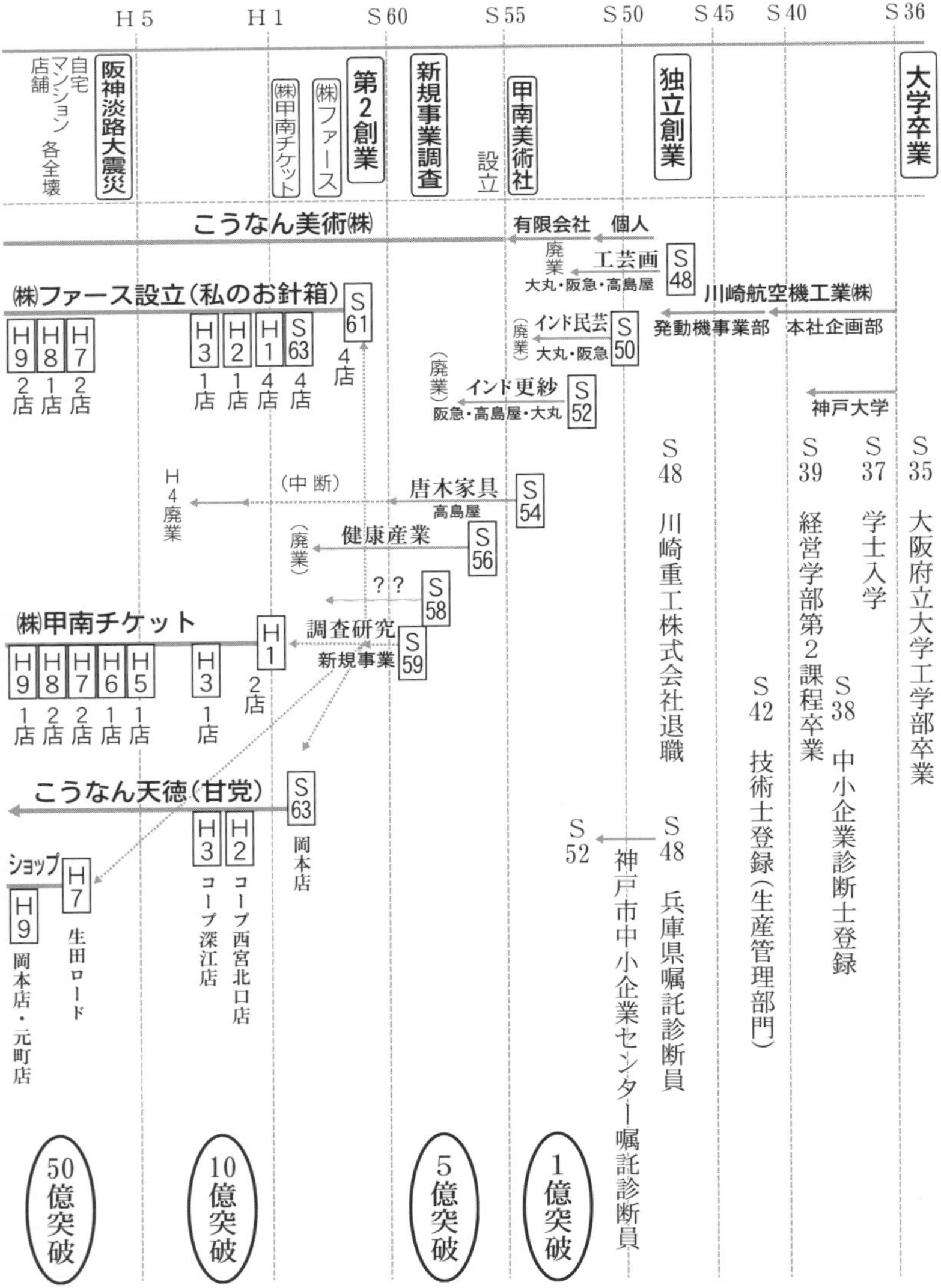

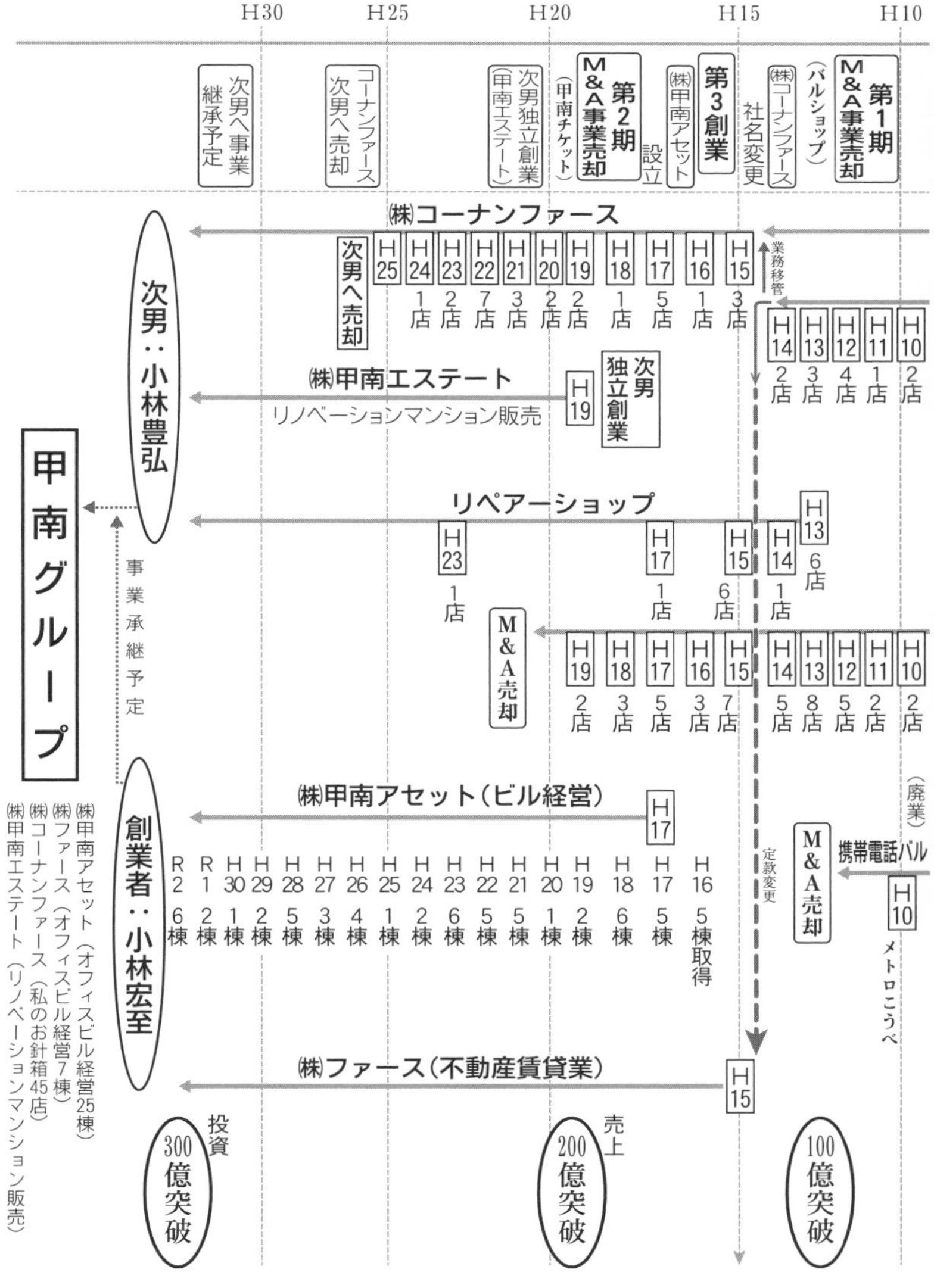
H30
H25
H20
H15
H10
第1期 M&A事業売却（バルショップ）
㈱コーナンファース社名変更
第3創業
㈱甲南アセット設立
第2期 M&A事業売却（甲南チケット）
次男独立創業（甲南エステート）
コーナンファース次男へ売却
次男へ事業継承予定
㈱コーナンファース
業務移管
H25 H24 H23 H22 H21 H20 H19 H18 H17 H16 H15
1店 2店 7店 3店 2店 2店 1店 5店 1店 3店
次男へ売却
H14 H13 H12 H11 H10
2店 3店 4店 1店 2店
㈱甲南エステート
リノベーションマンション販売
H19
次男独立創業
次男：小林豊弘
甲南グループ
事業承継予定
リペアーショップ
H23 1店
H17 1店
H15 6店
H14 1店
H13 6店
M&A売却
H19 H18 H17 H16 H15 H14 H13 H12 H11 H10
2店 3店 5店 3店 7店 5店 8店 5店 2店 2店
（廃業）
携帯電話バル
M&A売却
H10
メトロこうべ
定款変更
㈱甲南アセット（ビル経営）
H17
R2 R1 H30 H29 H28 H27 H26 H25 H24 H23 H22 H21 H20 H19 H18 H17 H16
6棟 2棟 1棟 2棟 5棟 3棟 4棟 1棟 2棟 6棟 5棟 5棟 1棟 2棟 6棟 5棟 5棟取得
創業者：小林宏至
㈱ファース（不動産賃貸業）
H15
㈱甲南アセット（オフィスビル経営25棟）
㈱ファース（オフィスビル経営7棟）
㈱コーナンファース（私のお針箱45店）
㈱甲南エステート（リノベーションマンション販売）
300億突破 投資
200億突破 売上
100億突破

第3章

第二創業期までの間に学んだ「鉄則」

「のれんの信用」を捨てても

電話帳は職業別に分類されて記載されているし、世間一般は、職業すなわち本業という考え方がある。それはそれで間違いではないけれども、事業家・企業家としては、その発想では事業の発展は望むべくもない。

いまの時代に求められているニーズはどういうものか。世のため人のためになる商売はどんなものがあるのか。職種・職業ではなく、社会全般に視野を広げて探っていく必要がある。しかも現在うまくいっている商売が下降線を描く前に、次の商売を考えつつ手を打っておく必要がある。そして何をするにしても判断と決断のスピードが求められる。とはいえ、そう言う私自身も、第一創業期は百貨店という信用の「のれん」を借りた小売販売業に執着していた。35歳で脱サラして商売のイロハもわからず、たまたま知人から紹介された工芸画の販売からスタートしたので、そのときはそれが本業だと思って必死にがんばってきた。

大丸百貨店で工芸画の販売が軌道に乗ってからは、阪急や高島屋でも同じ商売をさせてもらうようになった。百貨店での実績と信用を元に、他の商品もいろいろ販売することができた。

ところが、どんな商品を扱っても商品サイクルが短い。飛ぶように売れていた商品ほどその寿命は短く、結果的に、2、3年ごとに新たな商品を仕入れては販売していた。その頃はまだ、新しいビジネスモデルの構築をするという発想はなく、限界を感じつつも「のれん借り商売」に止まっていたからだ。

事業を拡大するためには、もっと視野を広げて情報を集めなくてはいけないと発想を切り替えた。第二創業期に入る前からである。当時の売上は5億円を越えていたが、唐木家具販売の衰退で赤字が続いていたこともあり、大きく発想転換して行動しなければならないと背水の陣を敷いた。

第二創業では、がらりと業種転換している。

発想転換とひとくちに言っても、商売経験のある人なら、それを具体的に実践に移すのは難しいということを身に染みて実感している。起業はゼロからのスタートができるけれど、第二創業はこれまで築きあげたものをすべて捨てる覚悟、しかもゼロというよりマイナスなる覚悟でやらないとできないのだ。私の場合、これまで築きあげた百貨店での信用があり、それは大きな財産だった。

商売人にとって信用ほど大事なものはない。しかし売る商品をいくら変えてみても、そこに止まっていては打開できない。大きな財産であった「のれんの信用」を捨ててでも事業を変革しようと肚をくくったのである。

第二創業期に始めたデイスカウントチケット「甲南チケット」は、順調に業績を伸ばし関西圏を中心に店舗数を増やしていった。２００７年（平成19年）にＭ＆Ａで売却するときには、店舗数（２００）、売上でも全国でもトップクラスに成長していた。

甲南チケットを経営した時期は、いわゆる「失われた20年」の間である。バブル経済の崩壊後、日本経済は急速に縮小し、デフレから脱却できなくなり、大手銀行や企業でも倒産する時代となった。リストラの嵐が吹き荒れ、終身雇用の神話も崩れていった。

そうした状況のなかでも甲南チケットが業績を伸ばすことができたのは、キャッシュフロー経営に徹底し、スクラップ&ビルドを実践したからである。そのための管理会計を自ら工夫した。

この20年間はビジネスモデルの重要性についても私はいろいろと考えさせられた。自社のブランドを持ち、育てることで学んだことである。その成果としてまとめたのが、「起業（企業）の鉄則十八」である。もし創業期のまま下請け業務に甘んじていたらこうした鉄則は出来ていなかっただろう。

二番手商売で創造的な真似をする

商売を始めてから35年間、私はさまざまなビジネスモデルをやってきた。先のページの年表でもお分かりのように数えたら十本の指では足らず、しかも異分野のものを手掛けている。失敗（赤字）で撤退したものはほとんどなく、やってみた結果、自分の性分に合わなかったり、魅力を感じなくなったことが止めている理由である。魅力というのは、端的に言えば事業の発展性、すなわちスケール・メリットがないということに尽きる。

ところで、私がこれまで手掛けてきたビジネスは、そのすべてにおいて直接・間接的に教えを受けた師匠がいた。工芸画、唐木家具、洋服のリフォーム、みたらし団子、チケット販売、プロパティマネジメントなどなど、それらの商売を始めるときは先輩たちのやっていることを見て、真似て盗み、あるいは直接教えを受けている。真似をさせてもらった人たちも、私にとってはビジネスの師匠なのだ。

ビジネスモデルというのは、独創的な部分もないわけではないけれど、その大半は先人たちがやってきた経験則や智恵を、それぞれの商売に合わせて再構築したものである。その意味では、すべてのビジネスモデルは模倣の積み重ねといってもよいだろう。模倣ではあっても、創造的な模倣である。先人の智恵や師匠に学び、師匠を追い抜いていくところに自分の創造がある。

戦後の日本は社会全体がアメリカを模倣し、追いつき追い越せということでやってきた。その結果、さまざまな分野で世界一の最先端技術を誇れる国となった。とはいえ厳しい国際競争のなかで、資源の乏しい小国・日本が生きていくためには、技術もビジネスモデルも常に更新していかなくてはならないわけだ。

世界企業のトヨタでも最初は小さな町工場から模倣によってスタートした。小さな会社が新たな商売をはじめようというときは、創造的な模倣をおこなうべきで、リスクの大きい一番手商売をやってはいけない。つまり新たなビジネスの成功事例を探し、その二番手商売をいち早くするということだ。

一番手のビジネスモデルをつぶさに分析すると、意外な欠点が見つかることもある。長所を取り入れて、その欠点を改善していくことが二番手商売の強みとなる。

新しいビジネスの市場が大きくなっていくと、新規参入もたくさん現れてくる。その自由競争のなかで勝ち抜くためにも、二番手ビジネスモデルの改善改良を重ねる必要がある。「私のお針箱」にしろ「甲南チケット」にしろ、二番手の模倣から始まり、私なりに独自の経営システムを創っていったのである。

事業家の性格が左右する撤退時期

これからの経営者には、どんな商売、どんな事業であれタイミングを逸しないスクラップ&ビルドの決断が不可欠です。その決断を迷わず行うためには、ある程度の法則を身につけておく必要があります。そこでこの章では、いままで私が経験してきた商売の中で、自分なりにまとめた「人・モノ（立地）金」の活かし方の法則について述べていくことにします。

まず「人（人材・組織・雇用）」をテーマに法則を考えてみますが、法則といっても大それたものではなく、ある意味では極めて常識的なものです。

たとえば、「積極的な経営をするには、人事・雇用を含めた全体のスクラップ&ビルドが不可欠」ということは、現代経営者にとっては一つの常識となっています。しかしその常識を常識として商売の上で実現できるかというと、そうではない。だから経営者は悩むわけです。

その悩みは、売上不振や顧客離れといった外部的な要因だけでなく、経営者個々人の性格や問題意識のあり方に深く関係してきます。むしろビジネスの方向や成功不成功は、その性格にかなり左右されているように思います。ここでいう人材とは、経営者自身のことです。

たとえばある事業が行き詰まったとします。そのとき、何が原因なのかいろいろ分析するのはいいけれど、反省ばかりする人がいる。その反省自体はいいけれど、「こんどはこうしよう」と前向きに考えず、「あのときこうすればよかった」と後戻りしてしまう人がいる。これは非常にナンセンスです。問題解決は後戻りしてはできないのです。おそらく、そういう人は、頭では事業や商売は後戻りができないということを理解していても、優柔不断な性格が災いしているのです。

とにかく失敗したことを振り返って、いくら悔やんでみても何も始まらない。「済んだことはしょうがない。これからはこうしよう」と前向きに解決しないといけない。その失敗は一つの大きな勉強であった、出費であったと謙虚に反省して、問題そのものは先に向かって解決していくしかないのです。

ところがその問題が起こって、物事にこだわるあまり、萎縮してしまう人もいる。

「市場調査もしっかりやって、人材も得て開店したけれど、客の入りが思ったほど伸びない。もう打つ手は尽したし、どうしよう、どうしよう」

商売において打つ手は尽したというのは絶対ありえないのです。店が流行らなかったら、それなりの原因はあるわけですが、現状のままではどうしても問題解決が難しいとなれば、時・場所・形・人を変えて、次の手を考えたらよいわけです。私は楽天的性格に加え、常にスクラップ&ビルドの考え方があるので、その場所やその商売、人にもこだわらない。「ここはもう潮時だろう」と判断すればすぐ撤退します。

しかし、「経営者は常に撤退する勇気を持つことが大切」と言われているにも関わらず、これが意外に難しいようです。

「この店にはこれだけ投資したのだから、せめてあと半年、一年頑張ってみよう」

こうして投資資金の回収にこだわるあまり、累積赤字を増やしてしまう結果になる。しかし人の性格を変えるということは難しいものです。だから進退の判断に迷ったりしたら、自分の私情を度外視して、あくまでも客観的な数字を分析した上での積極策を取ることです。

赤字続きの店や売上が伸び悩む店をいくらテコ入れしても限度があります。どうせ同じ労力・資金を使うのだから、もっとよい場所にいい店をつくろうと、撤退時期も前向きに考えて進むべきです。私情を入れずに積極的な方法で解決しようと考えたなら、その時期をもう少し早く決断できます。

〈鉄則 一〉撤退するときは積極的に撤退する

信念を貫くことが信用を守ることなのか？

チケット商として法的にも一般世間にも認知された今、甲南チケットはチェーン店数や売上高では関西ではトップクラスになっています。第二の創業を目指して10年、売上１５０億円を突破して、ようやく一つの事業の体を成したかなと思えるこの頃です。

「事業といえるような商売をしたい」と思っていた私にとって、今が新たなスタート地点にあるともいえます。いくら事業が拡張しても、信用がぐらついていては次のステップには上がれません。その点、甲南チケットは堅実経営をずっと貫いてきましたから信用力はいっそう高まっていると自負しています。

この信用力というのは有り難いものです。というのは、不動産の物件情報やいろいろなベンチャービジネスの誘いなどが毎日のように入ってくるからです。その中には有り難迷惑な誘いもありますが、信用は情報を引き寄せるものだということを実感します。バブル景気の頃は多くの企業の社長さんがそんな誘いを受けていたのでしょうが、幸いというべきか、その頃は「甲南美術」の売上が下降期にありました。

信用と金のあるところには自然と金が集まるというのはビジネス世界では当然のことです。しかし商売の世界では、この信用を守ろうと、歯を食いしばって頑張った結果、ますますその商売がジリ貧になっていくということがよく見受けられます。

それはなぜかというと、その人はスクラップ&ビルドという発想がまったくなく、商売の立地条件も考えずその土地にしがみつこうとするからです。そういう人は職人気質が勝った商売人で、「この土地で十年頑張ると決めたのだから」と自分の信念を貫こうとする。自分の信念を守ることが信用を守ることだと考えている。それは全く間違いと言うつもりはありませんが、少なくとも事業を発展させようという商売人の発想ではないでしょう。場合によっては、商売上の信用を守ることと、自分の信念を貫くことは分けて考える必要があるということです。

時代変化のスピードがますます速くなっている今日、商売の基本は時流の変化に合わせてスクラップ&ビルドすることだと私は考えます。私が商売を始めた頃、時流の変化は4、5年でしたが、いまは2年ごとに変わっているというのが実感です。それだけスクラップ&ビルドの決断も速くなければいけないわけです。

経営者は常にこの変化の流れを見ながら、商売の中身からそのやり方、立地条件、組織の改革などをやっていかないと、手遅れになりかねません。同じ土地で同じ商売を続けるにしても、その中でやり方を切り替えたり、リストラ（組織改革）を断行するなど、早め早めの対応が必要です。

〈鉄則二〉決断を先延しにするな

正社員はできるだけ少なくする

昭和48年に甲南美術を設立して以来、学生援護会にはアルバイトの派遣でずいぶんお世話になってきました。大学生は時給・日給のいいバイトをいつも探しているので、少しでもそれを高くすると優秀な学生が集まってくれます。

正社員やパートタイムも度々募集してきましたが、正社員の場合はとくに、どこへも行くところのないような人しか応募してきません。そんな人を雇って一から教育訓練しても、要領は悪いし、覚えたと思った頃には辞めてしまったりで非常に効率が悪い。それに比べて、甲南大学や神戸大学の学生アルバイトは、全体として優秀でした。それなら無理して正社員を雇うより、短期間でもいいから、ちょっと小遣い稼ぎしようというような学生アルバイトを雇う方がよほどいいわけです。

そして大きな催しのときや唐木家具のような難しい販売のときは、プロのマネキンを使っていけばいい。創業以来、私は人材もアウトソーシングという手法でやってきたので、パートタイムが２５０人を超える現在も正社員は10人ほどで増えていません。甲南美術が赤字計上した昭和60年頃にも社員は10人ほどいましたが、２年がかりのリストラでゼロにして、それからまた10年がかりで一人ずつ増やしたのですが、基本的に今後とも本社の正社員を増やす予定はありません。今の日本は小さな政府・行政が求められているように、人件費を含む固定費を抑えるためには、本社機能をできるだけ小さくして正社員数を少なくする必要があるのです。

零細企業の社長さんは人情の熱い人が多いから、「なかなか社員の首きりなんて出来ないし、忙しくなってイザ人が欲しい時に困る」という人がいます。しかしそれでは、いまの厳しい時代を生き残れません。甲南チケットに入社した私の息子は、社長である私に向かって生意気にもこんなことを言います。

「なんでパートやアルバイトばっかり募集するんや。正社員を募集せえへんから、いつまでも人が育てへんやないの」

「お前がもし求職側だったら、うちみたいな零細企業に応募するか」

私はそう応えていますが、実際、零細企業が正社員を募集したところで、一流企業に勤めるような優秀な人材は来ません。高給で人を雇うくらいなら、パートタイムを10人雇う商売をした方がましです。開発型の大企業の場合はとくに、どれだけ優秀な人材を集めるかで会社の命運も左右されますが、そうした人材を集めることが出来ない零細企業においては、パートタイムやアルバイトをいかに効率的に活用するかということが大事なポイントです。スクラップ&ビルドの戦略からしても、それは当然の帰結なのです。

息子は人が育っていないと遠慮のない批判をするけれど、私の目から見たら、現在25店舗を支援する本部の人材はそこそこ育ってきています。規模が大きくなれば、それなりに人は育ってくるものです。その意味で、仕事の内容が人を育てるという感じがします。

事業を発展させるためには、いかにより多くの人の能力を使い、いかに組織化するかということにかかっています。戦後から50年ほどは、終身雇用や定期昇給などで社員の忠誠心や、やる気を引き出してきたわけですが、今はそうもいきません。人を使う方も使われる方も意識が変わり、組織のあり方も変わってきたわけです。結果的に見れば、私が採用してきたアウトソーシングの手法がこれからいっそう本格化していくでしょう。

人材のアウトソーシングというのは、私の言葉に置き換えると「手伝ってもらう」という感謝の念です。経営者にはこの気持ちがないといけない。そうでないと、任せた仕事がうまくいかなかったりすると「期待を裏切られた」という思いになりやすい。

他の誰かに頼んでもよかった仕事を、ある人、ある組織に手伝ってもらうことを決めたのは、その経営者です。社員に任せるにしろアウトソーシングするにしろ、最終責任は経営者である自分なのです。経営者が安心してアウトソーシングするためにも、パートタイムやアルバイトでもできるような仕事の仕組みをつくる他ないということです。

〈鉄則三〉人材のアウトソーシングをシステム化する

ケースバイケースで人件費を考える

会社が企業秘密を守るのは当然としても、消費者を騙すような反社会的な秘密はあってよいものではありません。しかし現実にそういうことが大企業の中でも平然と行われ、それが社会的事件になっています。いま企業内の内部告発が問題になっていますが、社員が密告せざるを得ないような反社会的なことをトップがやっている。社員に企業への忠誠を求める以前に、まずトップやリーダーがモラルの向上をはかる必要があるわけです。

いつリストラされるかも分からない今日、トップのモラルがなっていないのに、社員に愛社精神を持てというのは土台無理な話です。終身雇用の時代と違って、社員の忠誠心に過大な期待をして働いてもらう時代ではなくなりつつあります。グローバリゼーションでの大競争に勝ち残るため、人材活性の手段として、昇級も給与も実力主義で年俸制の導入をする大企業が増えているのも当然といえるでしょう。

これまで大企業のサラリーマンは出世競争で同僚たちとしのぎを削ってきたわけですが、それを突き詰めていけば結局はお金です。地位が上がって給与は下がるというのでは、出世競争の意味がなくなります。

パートタイムにしろアルバイトにしろ、何を求めて職探しするかといえばやはり時給や日給の高さです。職人仕事の見習いなどは、その職の技術を学ぶということがあるので極端に安かったりしますが、同じ仕事であれば、誰だって給与の高いところで働きたいと思うのは当然です。

とにかくビジネスは、すべてお金が基本です。だから会社経営においても、人に喜んで働いてもらうためには、お金以外の何もないと考えた方がスムーズに運ぶということです。そして同業他社よりいかに給与を払えるようにするか、それを考えるのが経営者の手腕というものです。

百貨店の売場で唐木家具の販売をしたとき、私は通常の倍近い日給を払って優秀なマネキンを雇いました。やはりそれだけの成果を上げてくれましたが、私がもしそれをケチっていたら、売上は半分にも達していなかっただろうと推測できます。それほどプロの販売能力は大きな差があるのです。しかしそれほど販売の難しくない商品を売る場合、高級取りのマネキンは必要ありません。要は、ケースバイケース、適材適所です。

たとえば10人くらい必要と思える労働集約型の仕事に対して、7人で働いてもらう代わりに、2割増しの時給を分配してあげる。そうした方が働く方も喜ぶし、経営効率も生産性も上がります。そういう仕組みをつくることが経営者の仕事であり、事業を伸ばす方法でもあるわけです。

こんな仕事に人を雇うのは人件費の無駄だといって、何でもかんでも1人でやろうとする経営者は、事業を拡大することはできません。誰でもできるような仕事なら、それをパートタイムかアルバイトに任せて、自分はもっと生産性のある営業活動をするとか、新規事業の調査をするといった行動を起こすべきなのです。

募集広告まで出して人を雇ったものの、能力がなくてさっぱりだった。もしそういうことであったとしても、それは経営者側のミスマッチということで、雇われた人に責任転嫁できる問題ではありません。能力を求めすぎず、最初から「手伝ってもらう」という気持ちであれば、腹立たしい思いをしなくてすみます。

「こんな会社によう来てくれた、この人が来てくれて助かった」と思ったら、むしろ感謝の気持ちが湧いてきます。

ケースバイケースで人件費を切り詰めるところは切り詰め、思いきって使うところは使う。人を使うほどの経営規模ではないからといっていては、いつまでたってもその事業は成長しません。とにかく半歩でも一歩でも前に進むためには、人をうまく使っていくことが事業を伸ばすコツだと思います。

そして人を雇うのも辞めてもらうのも経営者の責任であり、仕事なのです。

〈鉄則四〉パートやアルバイトを最大限に活用する

雇用関係・給与体系を根本的に見直す

物理的に一人では運べないものを動かすときには手伝いが必要です。また電話番や留守番を頼むにしても、パートなりアルバイトの手伝いがいる。そういう単純な仕事は、指示を与えて最低限のことをやってもらえればいいわけですが、事業規模が大きくなるにつれて、プロでないとできない仕事が発生してきます。

「私のお針箱」の仕事はまさにプロでないとできない職種ですが、この事業そのものは、素人である私が決断しないと始まらないものです。だから全責任は決断した私にある。

ところが私はその当初、大きな勘違いをしていました。洋裁技術のプロが必要と思ったので、それ相応の給与を条件に雇ったのに、1年が経過しても利益が上がってこない。それなのに、やれ材料が足りない、人手が足りない、宣伝が足りないと不平ばかり鳴らします。私も面白くないからつい「赤字を解消してから言ってほしいわ」と文句の一つも言いたくなります。こうなると互いに気まずい労使感情が生まれて、事業は発展しません。

そもそも雇用関係というのは労使の対立というのが前提にある。働く方はもっと有利に働きたいし、使う方はできるだけ効率よく働いて利益を上げてほしいと思う。しかし私はこの洋裁仕事の職人ではないから、相手の言うなりになるしかない。そうすると職人は、自分らが得することばっかり言い出します。そこで私が腹を立てて「もう止めや」と言ったらお終いです。事業として失敗です。

私の大きな勘違いというのは、この職人仕事に対する認識と雇用関係のあり方そのものにあったわけです。お針仕事は、職人の工賃仕事です。ということは、基本的には歩合で給与を考えないといけないのに、私は高い固定給にしてしまった。その結果、赤字体質を抜けだせなくなってしまったのです。注文を捌ききれないので外注に出したと店長が言うままに、その外注費も会社が支払っていた。実際は、外注に出していないかもしれないのに、それを確かめる術もない。要するに私は、このままでは赤字の解消をはかる術がなく、経営管理ができなくなっていたわけです。

私のお針箱　S62

私のお針箱パンフレット

経営管理を自分の手に戻すにはどうしたらいいのか。そこで考えたのが、会社側の管理がしやすく、なおかつ職人さんもやる気を起こすような成果分配制度です。職人的プロは、自分が働いた分だけ給与が増えるということにしないと、全能力を発揮しないものです。最近は大企業でも年俸制や実力主義の給与体系を採用するところが増えていますが、中小・零細企業はなおさらのこと、意欲を持たせる給与の仕組みが必要です。

職人の世界では完全歩合も普通で、一つの仕事に対して親方が六、使われる職人が四というのが相場です。私はその相場を踏まえて、雇用関係を根本的に見直し、それぞれの店の店長と契約するという形に変えたのです。

「私のお針箱」はこういう経営委託システムに変えたおかげで、順調に回りだし、店舗数も増やすことができたのです。

〈鉄則五〉仕事に応じて意欲を持たせる給与体系をつくる

自己責任のある労使共同体へ

最近は大企業でも社内の備品や電話などを私用で使うことが厳しくチェックされるようになってきましたが、昔はけっこうその点はルーズでした。だから社員は会社の便箋や封筒を使い放題、私用の電話もかけ放題ということが平気だった。

人間というのは本質的にそういう狡さというか、自己中心なところがありますから、組織を運営するにはやはりそれなりのルール規制や管理が必要になってくるわけです。盗まれそうなモノを放って置いて「盗まれた」と騒ぐのは無責任だし、それは罪人をつくるようなものです。目を離しても大丈夫なようにしっかり管理できるシステムをつくることが、経営者の責任でもあると思います。

世の中にはむしろ良心的な人の方が多いかもしれない。しかし組織の中では、何か事があったときに、不正を行った一人のために、良心的な人も疑われることになる。不正をしかねない人が、その誘惑にかられないようにすることが経営者の務めです。

金にまつわる事件はいろんなケースがありましたが、事の原因は何であれ、私自身の仕事や人の管理のあり方が甘かったと言わざるを得ないのです。しかし働いてくれる人たちを不信の目で見て、管理体制を強化すればいいというものではない。経営者がそんな人間不信で目を光らせていたら、社員全体の士気さえ奪ってしまいます。そうではなく、ふとした出来心も起きないような経営管理システム、職場環境をつくるしかないのです。

その方法の一つとして考えたのが、人を使うという雇用関係をできるだけなくすということでした。労使共同体、いわゆるパートナーシップというものを確立していくことです。企業が外部に発注するアウトソーシングのように、経営者と使われる人の関係も契約に基づく成果分配方式にする。いわば企業内外注ですが、この方がむしろより強い信頼関係が築けるのではないかと思うのです。

基本理念は自己責任をもつ経営共同体であり、契約に基づくパートナーシップです。ただ単に本部が外注する側で、相手が技術やサービスを提供するというのではなく、共に経営を担い成果を分かち合うという関係です。そこが、企業が外部業者に丸投げするアウトソーシングと大きく異なる点ともいえます。

実際的には、資本と職場を提供する経営者と、そこで働く使用者という雇用関係はあるけれど、みんなが独立の自己責任を持ってもらうために、労使関係はあえてドライな契約にして、逆に事業を成功させるという目的に向かった一体感を強める。一つの目標のために、それぞれの役割分担をやるということです。

これが理想の労使関係ではないかと私は思うし、これからの企業経営の一つのあり方だと考えています。ただ現実問題として、世間には能力があってもあまり欲のない人、自己責任を持ちたくない人、適当に働きたい人などいろいろいます。そんな人たちまで巻き込んで、経営共同体だ、パートナーシップだと言ったところで通じません。だから、すべての企業がこうした方法を採用できるとは思わないけれど、少なくともベンチャー企業においては短期的に事業を飛躍させる有力な手段だと思います。

とくに新しい事業の立ち上げのときには、各人の役割分担だけでなく、成果の報酬と責任をはっきりさせておくことは大切です。

〈鉄則六〉契約に基づくパートナーシップを確立する

仕事の簡素化・単純化を徹底させる

前述したように現在、甲南チケットの企業グループで働いている人は約２５０人、そのうち正社員は10人ほどで1割もいません。「甲南チケットの店長クラスの人もみなパートタイムです」というと、感心する社長さんがおられますが、不思議なことは一つもないのです。

チケット販売というのは、特殊な技術や熟練を必要とする仕事と違って、簡単な作業です。買いに来るお客さんのほとんどははじめから商品を決めているので、とくに販売力も必要としない。ただ笑顔で親切に接客して、お金の計算を間違いさえしなければ誰でもできることです。

ただ、各店舗は高額の資金を預かって独立採算的に運営しているので、支出入の金銭管理をシステム化して、安心して働けるような職場環境づくりをすることが大切です。また、社員を置かずパートタイムでの運営をしていく以上、いつ辞めても困らないような体制づくりが必要です。人は辞めるものだということを前提にして、明日から来た人でもすぐに仕事ができるようなシステムを作っておくということです。同業他社の売場を見ると、だいたい若い男女の社員が多く、かなり社員教育もしているように思われます。しかし甲南チケットの売場はほとんど全員がパートタイムの中年以上の婦人です。家庭を持ち、それなりの社会経験を持ち常識もわきまえていますから、とくに社員教育をしたりしなくても、先輩たちに仕事手順を教わりながら、明日からでも仕事ができます。仕事を単純化、簡易化しているので、２、３日したらすぐ要領が分かるように工夫しているからです。

Simplification（簡素化）は能率学の原点です。生産性の向上は、難しいことをいかにシンプルにするかにかかっています。甲南チケットの生産性とは、仕入れた商品をできるだけ速く売って資金回転率を高めるということにあり、ここに販売のプロを置いても回転率が上がるわけでもない。回転率を高めるのは最高の立地条件であり、その条件さえ良ければ、販売の素人でもお手伝いさんでもできるというのがこの商売なのです。

一応、仕事の仕方など大まかな筋書きの文書はつくってありますが、マニュアルといえるほどのものではありません。先輩が新しいパートの人に教える伝承方式で十分間に合っています。私は唐木家具のときからずっとこの伝承方式でやってきました。要するにオン・ザ・ジョブ・トレーニングですが、教える側も教わる側も社会経験を持った婦人ばかりですから、難しいことはありません。これが挨拶の仕方も知らないような若い子だったら、マニュアルも必要なのかもしれませんが。

しかしそのマニュアルをつくるにしても、簡素化・単純化したものでないと、頭でっかちになるだけです。マクドナルドやケンタッキーのような大型チェーンは分厚いマニュアルを作っていますが、多様人種で契約社会のアメリカでは、活字にしたもので伝達していかないとコミュニケーションがうまくいかないからです。生産現場においても、紙に書いて伝えるのが昔からのアメリカ方式ですが、日本はそこまでしなくても意思が通じます。戦後、アメリカから能率学が入ってきて、日本でもマニュアルづくりがさかんになってきましたが、「マニュアル人間」という言葉もあるように、みな均一化して応用力のない人間が増えてしまう結果にもなります。

近年、日本の工場などでは流れ作業のベルトコンベアーを使わずに、1人が1つの製品を組み立てて完成までもっていくようになっています。製品の開発競争が激しいため、工場を一つのラインに固定してしまうと、次の新しい製品をつくるときはまた工場のラインを変えないといけない。それでは変化に対応できないし、流れ作業でパートごとに作業を分けるよりも、一人ずつあるいは小グループごとに完成品をつくる方が能率も上がるからです。

変化のスピードが速いので、せっかくマニュアルをつくっても、その内容が古くなってしまったりします。マニュアルにこだわっていたら、また全部書き変えないと人が動かなくなる。その点、オン・ザ・ジョブ・トレーニングであれば臨機応変に対応できます。またその方が人も育ちます。

昔の日本はどんな職業でも徒弟方式で、師匠は何も教えないから、弟子も真剣になって師匠を見習い盗み取りをした。落語とか漫才の世界では今もそうですが、この徒弟方式は人間を鍛えるという意味でとても優れていると、私は思っています。ポイントだけを教えて、後はその人の素質と創意工夫、自由裁量に任せます。それでうまく行っているわけですから、うちの社員は一流です。社長が社員に一挙手一投足までああせえ、こうせえと言っていたら、逆に社長の命令がなかったら仕事しなくなります。

組織規模が拡大したときは、細胞分裂させて、伝承していったらいいわけです。本部は細胞の一つ一つを有機的につなげ、それぞれの細胞は仕事を単純化・効率化させて生産性をあげていく。細胞ごとのオン・ザ・ジョブ・トレーニングでやっていけば、社員教育に余計なコストも時間もかからない。甲南チケットの場合、お金の扱いが管理制度の中心テーマになるので、経営体制の確立という意味では、仕事の簡素化やコンピュータ管理しか方法がありません。無人化で安心した管理システムができるから、パートタイムの人たちが安心して働ける。

しかし物品販売や「私のお針箱」などは、パートナーシップの確立によって自己責任の体制をつくることが、経営体制を確立する方法として一番いいと私は考えています。パートナーシップという信頼関係が確立したら、マニュアルや社員教育もいっさい不要です。また組織規模がどんなに大きくなっても、細胞に独自性と自立性をもたせたら、本部は細胞の核として小さな組織のままでやっていけるのです。

〈鉄則七〉仕事の簡素化によるオン・ザ・ジョブ・トレーニング

管理システムで業務の単純化をはかる

よく言われるように、「販売」というのはモノを売るのではなく、人の信頼を売ることです。服のリフォームにしても同じことで、自分が大事にしているモノを預けるわけだから、安心して任せる店に注文したい。だから私は「私のお針箱」の店長には常々、リピーターの顧客を得るためには、お客との信頼関係をつくることが何よりも大切だと言っています。

安売り競争になってきたチケット販売の場合でもそれは同じです。お客は少しでも安い店で買いたいと思っていますが、その店の接客が悪かったら、いくら安くても固定客にはなりません。チケットの値段が同じだったら、接客態度のいい店にお客は行くし、少しぐらい安くても不愉快な店では買いたくないものです。チケット商も価格競争の限界に来ていますから、接客サービスの競争です。

にっこりと笑顔で挨拶して、満足して帰ってもらう。そういう当たり前の接客サービスが生き残りの一つの条件になってきますが、甲南チケットが他店と一番違う点は何かというと、おそらくパートで働く人たちでも安心して現金を扱えるということだと思います。

チケット商の店頭にある商品をすべて現金化したら何千万円という金額になりますが、たいていの店では、外部からの盗難だけでなく社内の不正が起ることを防止するためにやっきになっています。経営者が内部不正を心配して目を光らせているところもある。そういう店は働く方としても息苦しいものです。その日の売上金額が合わないたびに、疑われたりしたら嫌になります。

私は、パートの人でも安心して働けるような管理システムを構築するために非常に苦労しましたが、そのかいあって、各店の売上や商品仕入れの戦略だけでなく、経営全体を把握できるようになったのです。この管理システムがない時には、１日の売上の中から１００万円も足りないということが度々ありました。しかし従業員を疑うわけにもいかず、原因が分からないままになっていた。これでは働く方も大変だし、会社としても大損失です。私はいろいろと思案した結果、各店に一定の資本金を預けることで、完全な独立採算の方式にしました。全店に資本金を預けて、本部と取引するような形で運営することにしたのです。

各店舗は預かった資本金の範囲内で仕入れして販売し、利益だけを売上金として本部が吸収するというシステムです。売上利益や店の経費などは、本部の方で一括して計算して支払うというシステムです。各店は、預かった資本金を減らさないように管理するだけなので売上計算もしやすい。働く方も安心だし、預ける方も安心です。働く人の多くがパートタイムで、しかも辞めたり入ったり人の出入りが激しいから、なおさら業務の単純化は必要でした。

1万円札が何枚あって、１０００円札、５００円玉がいくつというふうにして、仕入れの支払いと売上を計算する。こういう大事な売上報告書をつくれるように事務作業を分かりやすく単純化しているので、昨日入ったパートタイムの人でもやろうと思えばできるわけです。

販売員とレジ係を分けて業務をしている業者もありますが、甲南チケットでは店頭業務そのものも簡単にしているので、小さな店では1人ですべてやっています。大きい店で最高10人いますが、私は配置人員の数も売上額の大小によって決めています。売上何百万円に対して1人、1.5人、2人、2.5人、3人というように、予め人件費の予算額を決めているわけです。たとえば1人体制でいける店では、3人ほどのパートタイムを交代勤務にして、全体で1人の人件費として計算します。そのようにして、すべては月の平均売上基準に応じて予算を組み、営業の合計時間数を人数で割って配置しているわけです。

売上入金データはレジから直接パソコンに入力していきますが、システムという意味ではそれは手段にすぎません。大事なことは、各店舗を信頼して独立採算のようなシステムにしたということです。同業者がどんなシステムでやっているのか知りませんが、おそらくこれは甲南チケット独自の方法だろうと思います。

このシンプルで分かりやすい管理システムがあるから業務全般の単純化が可能になり、私は楽に経営全体の把握ができ、どこの店舗が調子がよくて、どこが悪いということも一目瞭然で分かるのです。

〈鉄則八〉経営全体を把握できる管理システムをつくる

多店化を可能にしたコンピュータ管理の徹底

甲南チケットでは、お金の流れや売上変化は本部のコンピュータで一括管理しているから、末端の仕事が単純化できる。また、システムや財務、給与の支払いもアウトソーシングでやっているので、本部にも経理の担当者は1人もいない。経理システムは税理士に頼んだものではなく、私が独自につくったものです。そういう基本プログラムのアイデア以外は、コンピュータのソフト制作も外注に出しています。

こうなる以前は、本部の社員が仕入れた切符を各店舗に配達して回っていましたが、それは現金輸送と同じでたいへん危険です。だから今は保険をかけて宅配便で集配しています。こうした物流もすべてコンピュータ管理です。

宅配便のおかげで私らの仕事がどれほど効率よく、安心安全になったか。普段あまり意識しませんが、宅配便は日本の経済をどれほど改革し、資金効率を高くしたか、その貢献ははかり知れません。甲南チケットでは夕方、宅配便に商品を預け、翌朝、店の営業が始まるまでに配達してもらっている。これを社員でやったらたいへんな人件費がかかるし、危なくて仕方ない。チケット業界は六百社以上ありますが、おそらくここまで徹底してアウトソーシングしているところは数少ないでしょう。

しかしやはり甲南チケットが他社と一番違う点は、徹底したコンピュータ管理によってアウトソーシング体制にしたノウハウそのものといえるかもしれません。コンピュータには毎日の売上から、利益、キャッシュフロー、最終損益、資金の運用、在庫データなど全部入っているので、独立採算制にした店舗ごとの経営内容が詳細にわかります。私は帳簿の数字を読むだけでもスクラップ＆ビルドの決断ができるし、多店化戦略も立てやすくなる。店舗数が50店になっても、１００店になっても同じことです。このシステムをつくっていなかったら、およそ10年の間に25店もつくれなかったと思います。

店頭での仕事が手伝いの人でもできるように単純化できたのも、この高度なシステムに支えられているからです。アウトソーシングや情報管理をやらないと、本部の人員はいつの間にか増えてしまいます。息子たちは「本部の人員が足りない」と言いますが、私は逆に人を減らせと言っています。人を減らしたら、その分を何とか補おうとして、コンピュータでより高度なシステムをつくる気にもなるからです。

人を増やせば増やすほど、作業は人海戦術的になり、非効率になっていくだけです。これだけコンピュータが進歩しているわけですから、もっと徹底的に高度なシステムを構築することは可能なはずです。

〈鉄則九〉コンピュータ管理システムで人員を減らす

魚がいない池では魚は釣れない

では「人（人材・組織・雇用）」に続いて、「モノ（立地）」をテーマに起業成功の法則を考えてみることにします。

ブランドというのは、一言でいえば信用力、あるいは信用商品です。いわゆる「のれん」も一つの信用ですが、時代の流れに適応できなかったのれんはつぶれます。流行り廃りの激しい商売の世界は「回り舞台」ですから、いくら伝統があっても、のれんに胡座をかいていたのでは、社会から不用なものになってしまいます。

新しい企業は、古いのれんは創れなくても、新しいブランドを創れます。商売を大きく発展させるためには、最終的にはブランドの確立が絶対必要です。このブランド力さえあれば、立地は関係なくモノは売れます。しかし逆に立地さえよければ、ブランドはなくても商売はできる。

ところが商売の世界では、ブランド力のあるところが良い立地を選んでいる。いくらでも出店の話が来るからです。ブランド力があって、立地も良いとなるとさらに商売は発展します。

甲南チケットも今はある程度ブランド力がついてきているから、良い立地条件の話が先方から来るようになりました。しかしゼロから出発するときには、自分の方から積極的に良い立地を求めていかないといけません。私が最初から百貨店の売場に進出したのも、ブランド力を得るためでした。

独立したばかりで信用も資金もないからといって、立地の悪いところで商売を始めるとなかなか軌道に乗れないし、下手をすると悪循環に陥りやすい。むしろ商売の初心者ほど、超一等地を選んで商売したらいいのです。

商売というものは一等地であろうが、二等地、三等地であろうが、やることは一緒です。家賃が高いか安いかの違いだけで、結果的には総コストは同じくらいかかってしまう。しかし一等地の売上高は、三等地の何倍もあるから、利益も上がる。しかも厳しい競争にもまれて商売のコツも覚えるし、そこで成功すればブランド力もついていく。だから商売人として同じ苦労をするなら、一等地で自分を鍛えた方が賢明だということです。

そんな超一等地の場所はないと言う人は、真剣に探していないだけのことです。探したら必ず見つかるのです。例えば東京でも銀座のど真ん中とか、大阪駅の前、難波や三宮の一等地でも、探したら見つかります。

なぜ一等地がいいのかという理由について、私はよく2つの池を例に挙げて話します。大きさも見た目も同じ池が2つあり、一方では釣り人がまったくいない池、もう一方では人がいっぱい釣っている池がある。もし自分が釣り人であったら、この2つの池のどちらを選ぶかという設問です。

釣りの素人の場合は、ひょっとしたら競争のない池で糸を垂れるかもしれません。しかし釣りのプロなら、人が釣りをしていない池では釣れそうにないと考えるのが常識です。多くの人が糸を垂れているということは、そこに魚がいる証拠です。プロでも魚のいない池でいくら頑張っても釣れません。しかし魚がいっぱいいる池ではプロはプロ並みに、素人は素人なりに釣れるものなのです。

商売するのもこれと同じ理屈で、やはり人がたくさん集まるところで商売をすれば素人でも売上を上げることができる。当然、そこにはプロの商売人もたくさん集まってきます。商売の素人は、そんな競争の激しいところへ行っても競争に勝てないと思うかもしれませんが、そうではありません。プロはプロなりに、素人は素人なりの商売はできます。

そういうところで揉まれていくと、学ぶことも多いから早く一人前の商売人になれる。だからこそ、これから商売をやろうとするなら競争の激しい超一等地を狙わないといけないわけです。これが商売の出発にあたって一番大事なことです。

〈鉄則十〉競争の激しい超一等地を狙え

神戸一のライバル店のすぐ隣に出店

私が出店を決めるときはもちろん市場調査をしますが、商売を長年続けていくと、誰でもある程度の勘を身につけてくるものです。だからプロの商売人は、自分の勘と戦略的な観点から出店の地域を絞ってから、それを裏付けするために流動調査をする。調査が先行するのではなく、まず勘があって、その裏付け調査が後にくるわけです。

この勘というのは経験によってつくられます。しかしその経験にしても、成功の経験を重ねることが大事であって、失敗ばかりでは勘を養えません。商売人としていい経験をするためには、いい師や先輩を求めないといけませんが、その師にしても魚のいない池では出会えないのです。とにかく競争が激しいところで先輩や師の知恵を吸収していくことが、自分を鍛え、プロになる早道です。

プロの商売人は、街中をぶらついているだけでも、立地の良い場所がパッと見えてくるものです。そして「あっ、ここはいいな」という直感が働くと、すぐ行動に移します。常日頃の好奇心や問題意識があるから見えてくるわけで、その意識がない人に「あの場所はいい」と、指差して教えても見えません。人間の意識というのはそういうもので、自分の関心のないことは目が向かないし、何気なく見ていても印象には残っていないわけです。

出店の立地を選ぶとき、私も人並みに昔から言い伝えられていることは一応気にかけます。店のレイアウトをするときでも入口に鬼門を避けるとか、風水上の基本的なことはできるだけ守った方がいいに決まっています。そんなことは関係ないと言う人もいますが、やはり東洋の易学は深い知恵がありますから、無視しない方がいい。しかしあまりにもこだわりすぎて、今日は日が悪いから出かけないとか、今日は東の方角しか向かわないというように、がんじがらめになるのもどうかと思います。

例えば、どうしてもここに出店しようという時に、方角が悪いとか言っていては勝負になりません。

あの震災後、携帯電話の販売をしたとき、私はライバル店のすぐ隣にパルショップという店を出しました。とにかく神戸ナンバーワンといわれていたその店と競争して勝つという目標があったからです。

JR三宮駅近くにあったその店は「ヒットショップ」という光通信の直営店です。光通信が全国一斉に店舗展開を始めたときで、社員たちは売上目標が上がるまで毎晩10時、11時まで頑張っていました。しかもヒットショップはアルバイトを使ってどんどんビラを撒いて、ものすごい安売り攻勢をかけるので、周りの携帯ショップがみな潰れるというのが業界の常識でした。しかし私は逆にライバルとして張り合う値うちがあると思い、すぐ隣り合わせのビルに空いていたテナントを借りたのです。

ヒットショップはセルラーですが、パルショップは関西デジタルフォン・ショップ（現在のJ‐PHONE）の一次店としてJ‐PHONEの商品を中心に扱っていました。販売員は社員ではなく、フリーのアルバイトを3、4人雇って対抗したわけです。

「小林さん、ヒットショップの隣にわざわざ出すなんて自殺行為ですよ。素人ほど恐ろしいもんはない」

業界の人は呆れ顔で言っていましたが、私は逆に秘かな自信があったのです。

「隣が神戸一であるならば、その真似をしたらいい。勉強させてもらおうやないか。ディスプレイから照明からレイアウトまで全部真似したらいい。負けんように店の照明を明るくしなさい」

私はそう言って、店長とアルバイトたちにハッパをかけました。私は引っ込みがちになる店長を連れて堂々と隣のヒットショップに入り、ジロジロと店内を見てまわりました。さすがに相手は嫌がっていましたが、敵もさるもので、翌日になると店の入口に「祝　甲南チケットさん　オープン記念セール」というＰＯＰ広告を出し、ライバル店を肴にしたセールを行っていました。

　ヒットショップは、その日のノルマを達成しなかったら夜10時、11時まで帰らないというくらい激烈な経営でした。そんな強烈なライバルとの競争の中、店長もアルバイトも縮こまっていたので、私はハッパをかけ続けました。

「隣は盗まれるものがあるけど、うちにはゼロだから盗まれるものはない。競争したときには何もないものほど強いものはない。うちの方が強いんやで」

　しかしそれだけではアルバイトは動きませんから、ノルマ達成ごとに金一封を出すことにしたのです。隣の社員に1日のノルマはどれくらいかと尋ねると、1日50台ということです。私をびっくりさせようと思ってカマをかけたのかもしれません。それはそれとして、我が社は後発組でもあるし、その半分の25台と行きたいところだが、それもまけて1日20台に目標設定してやろうと決めたのです。

　この目標を達成したら金一封出すということでやっていくと、最初の苦戦が嘘のように売れ出したのです。目標設定というのは不思議なもので、アルバイトでもぴったり1日20台は確実に売れるようになりました。

　そしてやがて、パルショップの販売実績は、ヒットショップを追い抜いてしまったのです。

〈鉄則十一〉好立地で最強のライバルを真似して追い越せ

チェーン展開するだけのメリットがない

ところで、私が携帯電話のショップをやる気になったのは、阪神淡路大震災で自宅マンションと本社事務所の一部が全壊したことがきっかけでした。震災翌年の平成８年に、そのビルを建て直した際に、屋上にＤＤＩのＰＨＳのアンテナを立てたわけです。

震災の時に加入電話ではパニック状態になって通話できなかったけれど、携帯電話は通話できた。そういう電話機能の利便性ばかりでなく、これからの情報社会では携帯電話は必須のモバイルとして、移動できるコンピュータとして広がるだろう。またこれからはビジネスマンだけでなく、１人１台は持つようになるに違いない。そんな認識から、ビルのアンテナ工事に来ていた店の人に、ショップを経営したいので紹介してほしいと頼み、さっそく本部に出向いてＪ‐ＰＨＯＮＥの一次取引を決めたわけです。

前述したように、携帯電話のショップ展開としては早い方でしたが、結局この商売も平成12年で撤退しています。始めた当初は、「私のお針箱」と「甲南チケット」のように、店舗をどんどん展開するつもりで計画していましたが、平成10年に4店目のメトロ神戸をオープンして以降、店舗は出していません。雨後のタケノコのように競合店舗が出てきたというだけでなく、売上に対するマージン比率が下がる一方で、商売のうま味が薄れてきたからです。

甲南チケット　メトロ神戸店　H11

三宮のパルショップは月間７００台ほど売ったこともあり、隣のヒットショップを追い抜くほど業績を上げ、神戸の一番店と言われるまでになったのです。

パルショップの経営も、「私のお針箱」同様に経営委託制度です。つまり当社が委任した店長に粗利の半分を支払い、店長はその粗利からアルバイト料を全部払うという形です。

マージン率のよかった時には、店長も若いアルバイトも何十万円という収入になり、誰にとってもいい商売でした。しかし携帯電話の普及率も上がり、本部からの奨励金（キックバック）のマージンが半分になり、やがて3分の1になってしまっては、いくら立地が良くても商売になりません。商売をぼつぼつ続けることはできたにしても、このままではチェーン展開するだけの利益もメリットもない。

私は、撤退の潮時と判断しました。ＩＴバブルの前兆が見えはじめていましたし、その爆発寸前に全店舗をＭ＆Ａで売却し、撤退したのです。

〈鉄則十二〉いくら立地が良くても潮時となれば撤退せよ

「攻撃は最大の防御」を実践する

携帯電話のパルショップの場合、敵陣に乗り込む特攻精神で行きましたが、チケット商の場合、ライバル店の営業商圏に攻勢をかけるとともに、相手の出店を阻止するための防衛出店もずいぶんやりました。チケット商というのは、扱い商品がそれほど変わらない上に、もともと利幅がないのでディスカウント競争するにも限度があります。だからどうしても立地の良い場所での攻め合いになるのです。

甲南チケットの近くに立地の良い場所があると、そこに同業ライバルが店を出そうとするから、その前にこちらが先に出店してしまうわけです。神戸の三宮には甲南チケットが10店ぐらいあるのはそのためです。同業他社が攻めてこなければ、2、3店舗あればいい商圏なのに、防衛出店した結果、需要以上に店舗数が過剰になってしまう。そうなると、他社競合に加えて社内競合が激しくなって、甲南チケットの一番のドル箱だった店の売上もかなり下がってきます。しかし1店舗の利益率は低くなっても、相手に攻められるよりましだから、防衛出店はしていかないといけないわけです。

神戸は甲南チケットにとって本拠地だから、どうしても防衛しないといけない意識が働きます。逆に甲南チケットが大阪に攻めたらマスコミなどは「難波戦争」と書き立てたりします。難波へ積極的に攻めていったことは事実ですが、商売は自由競争ですから、私にはそんな意識はないのです。

現在、難波でも梅田でもおそらく甲南チケットはその商圏のトップクラスです。大阪でも有数の立地条件を選んで出店したのだから、トップクラスに入らないと戦略の失敗ということになります。それほどこの商売は立地に左右されるのだから、攻める方も守る方も陣地取りに必死です。「攻撃は最大の防御」と言いますが、それを文字どおり実践しなければ先にやられるだけです。

そういう戦略の中でスクラップ＆ビルドを続けていくわけですが、結局それも体質強化のためです。赤字店を切るのは当然として、スクラップする理由はもっと積極的で、同じ資金量をより有効に使うということが最大の目的です。そのためには、自社の店舗展開だけでなく他社店舗の配陣を眺めながら、次はどの地点に店舗を配置したらいいかを考えるのです。

１つ、２つのコマ（店舗）を動かすだけで、グループ全体の売上がぐんと良くなります。だからスクラップ＆ビルドは常にタイミングよく、継続的に続けていかなくてはだめなのです。もうこの辺でしばらく休止しようと思っていると、それが命取りになりかねない。

スクラップ＆ビルドというのは、文字どおり速やかな「撤退ありき」です。撤退するタイミングを逃すと倒産の憂き目にあって撤退できなくなるし、次のビルドの計画も見えてきません。早期発見、早期治療が鉄則なのです。

早期治療であれば、外科手術しなくても治せる病気でも、発見が遅れると手術もできなくなる。日本の経営者はいまだに撤退は恥ずかしいことで、スクラップ＆ビルドはアメリカ的な非情な合理主義だと考えている人も少なくないようです。しかしそれでは経営者として失格です。撤退しなかったために会社を倒産させることの方がもっと罪深いということを、その経営者は考えていないと言わざるを得ません。

「石の上にも三年」ということわざは、時として商売人の心を惑わせるのではないかと思います。店を出して2年たっても赤字が続いても、辛抱強い人はこのことわざを頭に浮かべて「あと1年辛抱したら何とかなるだろう」という期待を持ったり、撤退するのをためらって時期を失したりするからです。

商売が前向きに進んでいるときは石の上にも三年です。その道の先に、まだ頂上が見えてないときでも、見通しがあれば頑張って登りきらないといけない。そんなときは、しんどくても頑張れます。しかし、商売が悪くなりかけて見通しもなく石の上にも三年では撤退が遅すぎます。どうせだめなものはだめだと見切りをつけて、石から離れ、1日も早くその場を撤退することです。

新たに出発することも大変なことは大変ですが、大怪我をして再起不能になることに比べたら、よほどましです。まだ資金があるうちに早く止めていれば、何とか次につなげることができます。だから経営者たる者は商売をやりながらでも、2年、3年先のことも考えて、積極的にスクラップ＆ビルドを考えておく必要があるということです。その商売が下り坂になりかけてから考えるのではなく、積極的に止めた場合どうなるかと想像して展望を描くこと。それが本当の意味でのスクラップ&ビルドです。

〈鉄則十三〉早期発見、早期撤退がスクラップ&ビルドの鉄則

チェーン店の三業種を掛け算する

チェーン展開の全体的な戦略は、同業他店の攻勢を睨みながら手を打っていく必要があります。しかし、各店ごとのスクラップ&ビルドはいたってシンプルな法則があります。出店の時は何といっても立地条件が第一で、撤退の時は、投下資本利益率とキャッシュフローの有無で決めていきます。

「私のお針箱」の場合、昭和61年に池田アゴラ1号店を出店して以来、現時点（平成14年）までに合計33店舗を出店してきました。そのうち撤退した店舗は7店（池田アゴラ、元町西口、北野坂、加古川、六甲アイランド、横浜、鈴蘭台）を数えます。

その撤退理由を挙げてみると、大きく5つに分類されます。

一、契約の仕方が間違っていたために採算に乗らなくなった（池田アゴラ店）

二、テナントの所有者が倒産したために立ち退きになった（北野坂店）

三、初めてのフランチャイズ店だったが、やめてしまった（横浜店）

四、立地条件が悪すぎて撤退（六甲アイランド、加古川、元町西口）

五、テナントの家主が撤退したために立ち退いた（鈴蘭台）

相手の事情で閉店せざるを得なかった店もありますが、そうでない場合は、採算が合わなかったことが撤退の理由です。一つの例外として、売上はそれなりにあっても契約条件が悪くて採算に乗らないという店舗もありました。その店は、ダイエー跡にできたファッションビルの中にあり、テナント料は売上に対する歩合家賃で安いのは安かったけれど、それと別に徴収される固定費が大きかったのです。そのビル全体で販売促進をやるときに、店舗面積に応じた宣伝費を分担させられました。

ファッション関係はものすごい宣伝費を使います。ところが私はそういう商売の仕方をしてこなかったので固定費がそんなにかかるとは予想していなかった。「私のお針箱」の工賃売上とブティックの販売売上では比較にならないのに、業種の区別は認めず、売場面積割で宣伝費を負担する。それでは割に合わないということですぐに撤退を決めたわけです。

新しい店舗を設けるとき、その周辺の市場調査らしきことはそれなりにするけれど、実際オープンしてみないことには分からない。だいたい成功確率が１００パーセントなんてことは不可能で、ある程度は直感で判断しますが大きく外れることはありません。だから、ここに出そうと決めるときの決断は速いし、撤退の決断も速い。採算割れした店を営業するのは長くても1年です。

「私のお針箱」の売上額は店舗によって10倍ほどの差がありますが、忙しい百貨店内の店長は人を入れないと注文を捌ききれないので、各店長の収入差が何倍にもなるということにはなりません。

甲南チケットのスクラップ＆ビルドは、キャッシュフローの有無が判断基準ですから、たとえ黒字の店であってもそれが少なければ撤退の対象になります。立地条件がよいテナント、あるいは戦略的に見て出店が必要と判断すれば、少しくらい家賃が高くても押さえにかかります。しかし出店した結果、自社店舗との競合になってしまうこともある。そこでまたスクラップ＆ビルドになるわけです。とにかくこの商売は陣地を攻める囲碁のようで、一つの布石の仕方によって店舗は生きたり死んだりします。

「私のお針箱」の場合、ぼつぼつ固定客がつきながら広がりますが、その点、チケット商は短期勝負です。だから平成元年からこの10年間は、チケット店舗の出店攻勢に集中して取り組んできました。平成3年から7年まで「私のお針箱」の出店がないのは、甲南チケットの立ち上げに必死だったからです。

チェーン展開を前提とした新しい事業の創業というのは、かなりのエネルギーが要ります。業績がある程度まで行って落ち着かないと、異なる業種の創業を同時にすることはできません。どうしても、どちらかに偏ります。平成7年には甲南チケットのチェーン店が6店舗になっていたので、資金的にも精神的にも少し余裕が生まれて、その翌年から「私のお針箱」のスクラップ＆ビルドも並行してできるようになったのです。

また「私のお針箱」の場合、商圏エリアが狭いので自社の店舗同士の競合は少ないのですが、それでもスクラップ＆ビルドの戦略から見直していく必要があります。現在もそういう店が何カ所かあるので見直しをしています。靴修理・リペアの「くっく・ばっぐ」は平成13年から始めたチェーン店ですが、新たな業種ができたことで、店舗の転廃業もやりやすく効率的になっています。

今後、この3業種のチェーン店舗をどのように有機的かつ戦略的に展開するかが大きな課題です。つまり、３つの業種の掛け算商法をさらにシステム化すること、それが私に課せられた大きな仕事だと思っています。


〈鉄則十四〉キャッシュフローと立地条件がスクラップ&ビルドの判断基準

余裕がなければ資金は回転しない

第一から第十四までは「人とモノ」が中心テーマでしたが、次は「金」をテーマとした法則について述べてみます。

企業経営において資金は人の血液と同じと言われるように、資金が円滑に循環しないと新規事業へ向けてのスクラップ&ビルドも計画倒れに終わってしまいます。お金を効率よく最大限に活かすためには、守るべき法則があるのです。「商売は貧乏人がした方が成功する」と、焼き鳥チェーン大吉の社長が言っていましたが、私もその意見には同感です。

商売をしたことがない人やその気もない人は、資金がないと商売はできないと思っていますが、決してそうではない。逆に有り余るお金を持って贅沢な商売を始めた人は、たいてい失敗して借金だらけになっています。親から何億という遺産をもらって商売した人は最初から経済感覚がマヒしているせいか、あっという間に資産を食いつぶし、10年もしたら遺産以上の借金を作ってしまう。世の中にはそういう人がけっこう多いのです。

金持ちは商売などしないで、趣味人として優雅な文化生活を楽しんだらいいのに、もっとお金を増やしたいのか、それとも退屈なので趣味で商売でもしようと思うのか、人の持ってくる巧い話に乗りやすい。そして1億、2億円という大金をたちまち失ってしまう。飲み食いで億単位の金を使うのは大変ですが、商売では瞬間に消えてしまいます。そして焦ってその金を取り戻そうとして、また違う商売に手を出してすっからかんになってしまうわけです。

商売では一夜にして手持ち資金を失うこともあるけれど、借りた借金というのはなかなか減らないものです。だからとくに商売を始めた当初は、運転資金に余裕を持っておかないといけないわけです。起業に失敗する多くの原因はそこにあります。事実私は、事業が軌道に乗る前に、運転資金の枯渇と借金返済で息切れしてしまうベンチャー企業をたくさん見ています。

だから私は、「1千万円の資金が手元に入ったら、2百万円はないものと思って、土の中に埋めておきなさい」とアドバイスをしますが、借りたお金は自分のものと勘違いする人が多いからです。必要以上に立派なオフィスを構えたり、備品を揃えたりパンフレットにお金をかけたりするうちに、いざ活動というときには銀行から借りた運転資金を使い果たしているのです。

車のハンドルには遊びがあるからスムーズにハンドリングができる。回転するモーターの軸と心棒の間はベアリングで浮かせて余裕を持たせているから焼付けを起こさずに回転できる。こうした物理的仕組みでも何でもそうですが、遊びの余裕がないと、回るものも回らなくなってしまいます。お金もうまく回転させないと、たちまち資金ショートしてしまうのです。

１００のお金を１００で使うか、２００、３００で回転させながら使うかによって、金の価値がまったく変わってしまう。１００の金を３回転させたら３００になる。うまく回転させるためには１００を80にして、20の余裕を持っておく必要があるのです。そして80の金を回していけば、くるくるっと4回転します。そうすると、80×4で３２０になる。１００を1回転、２回転させようとすると摩擦が生じて止まってしまいかねないけれど、80だったら簡単に回るわけです。

資金の回転率を高めようとしても、余裕資金がないとお金が回ってくれないのです。お金というのは、80で回していても瞬間的に90になったり70になったりする。もし１００で回していたら、１００を超えたときにもう資金がショートしてしまう。それを埋めようと20ほど借金すると、今度は返済しながら１２０を回転させなくてはいけなくなる。そしてまた資金ショートを起こして、その繰り返しをしていくうちに、にっちもさっちもいかなくなり、自分の首さえ回らなくなってしまうわけです。

〈鉄則十五〉運転資金は少なくとも二割の余裕を持て

運転資金は怠け癖がある

情報社会のいまは「情報は金なり」と言われます。それはその通りだと思いますが、チケット商ではやはり「時は金なり」です。つまり、資金（チケット商品）を少しでも多く回転させるためには、昼間の時間を無駄にできないということです。

そのため、チケットという「現金」は営業時間外の夜に運びます。ある店が品切れを起こしたので急いでその商品を補充してほしいという調子で営業をしていたら、買いにきたお客さんはすぐに他所の店に行ってしまいます。だから商品は各店舗が自主的に補給し、本部の方からは翌日１日分の必要な商品のみを夜のうちにデリバリーして、明日の営業に備えるのです。トヨタの「カンバン方式」と同じで、運転資金は夜の間に動くから眠らないという理屈です。

甲南チケット全体では１日７、８千万円の資金が動きますが、この運転資金を銀行から出したり入れたりしていたら手間もコストもかかります。たとえば銀行が今日集金して夜間金庫へ入れたら、翌日の晩にしか現金にならない。まる１日分寝てしまうことになる。つまり預けた７、８千万円の資金を、また銀行から追加融資として借入れすることになるわけです。借金したら返済金利が増える。こういう無駄をなくし常に生きた状態でお金を使い、無駄な在庫を徹底的に減らさないと、資金回転率は上がっていかないのです。

在庫を持たない、倉庫をつくらないトヨタの「カンバン方式」というのは、生産性の向上とか作業効率のみが強調されますが、それはあくまで生産現場の視点から見た捉え方にすぎません。経営者の視点から「カンバン方式」を見ると、「資金回転率を高める」ということになるのです。なぜなら在庫商品というのは、それが売れるまでは「眠っている現金」に他ならないからです。

運転資金は怠け癖があり、人が動かさないと眠り続けます。だから資金を眠らせないためには、余分な在庫をもたずに回転率を高めていくことです。また運転資金の回転率を高めるためには、前述したように、余裕資金をプールしておく必要もあるわけです。このプール資金は、動かずに眠っているようですが、実は運転資金の余裕として働いているのです。

アメリカはプールの中に金塊を溜めている。いざというときには金に交換できるという信用があるからドルの価値が下がらない。つまり金準備がドルの信用の根拠になっているわけです。同じように、運転資金とは別に20%ほどの余裕資金をプールしておくことが、企業経営の安心と余裕をつくるのです。余裕資金はいざというときのために活かして使い、使ったらすぐ元へ戻す。利益は内部留保にも回していく。こうして各店舗、本部、また会社全体が20%の余裕資金を持って回していくことで、軸のぶれない回転が休みなく続けられるわけです。つまり資金回転率と余裕資金の関係は、互いの存在を活かしあっている夫婦のようなものといえるかもしれません。

この資金回転率、資金運用の仕方というのは極めて単純な理屈なのに、意外に分かっていない経営者が多いのです。こういう話をたまにすると、「目からうろこが落ちた」と言われます。単なる「資金繰り」と思う経営者もいますが、それとはまったく違います。資金の余裕を持っているという気持ちの余裕が、経営全般において最高に生きてくるのです。

会社経営を続けていると、思わぬ現金が必要になることが、いつ何時あるか分かりません。そんなときでも資金に余裕があれば、瞬間的に現金を出すことができる。そのジャスト・イン・タイムがまた大きな信用になっていく。資金繰りに困っていると新たな企画どころではありませんが、余裕があると資金回転率だけでなく頭の回転率も上がり、アイデアも次々と浮かんでくるものです。

〈鉄則十六〉資金回転率を高めるために金を眠らせるな

モノを大切に質素倹約に徹する

事業を軌道に乗せるためには、運転資金をうまく回転させる、余裕資金をストックしておくことが必要条件です。

「でも、うちにはその余裕資金を持つ余裕がないんです」と嘆く人がいます。そういう人に限って、日頃の質素倹約をせずに無駄なところばかりにお金を使っているのです。「余裕資金」というのは、余裕ができたからつくるというものではなく、苦しい時でも我慢して積み立てていくものです。要するに「質素倹約」が生みの母です。いつの時代でも堅実な商売人は、質素倹約を金科玉条のものとして実行しています。

甲南チケットの難波店は超一等地にあり、その家賃は７坪で２００万円という目を剥くような高さです。坪単価にしたら30万円、おそらく東京でもこんなに高い土地はないでしょう。家主さんでさえ、「こんなに高い家賃払って大丈夫ですか」と心配してくれました。しかしチケット商は立地条件がすべてといってよい商売ですから、どうしてもそこに出店したいとなったら、私はその家賃を値切ったりはしません。

その代わり、店の備品類は徹底的に節約します。たとえば難波店の前の店はお菓子屋だったので、その時に使っていた冷蔵ケースをそのまま利用しています。また内装なども一切せず以前のままですが、十分間に合っています。

第１号店の岡本店は、以前はビデオ屋でした。そのビデオ屋が店を閉めるとき蛍光灯から床から全部外していきましたが、それでも内装は何もしないで使っています。天井には蛍光灯を外した跡がそのまま残っているし、壁紙にしても貼り替えたりしていない。壁の汚れたところや穴のあいたところにはポスターを貼っている。床はスーパーで買ってきたソフトクッションを敷いている。蛍光灯は、他の店を閉めたときのものを持ってきて取り付けている。

25店舗のすべてが万事この調子で、内装らしい内装は一切しないし、新品の備品は一つとしてないし、スクラップ&ビルドの使い回しで済ませているわけです。店を撤退するときは備品類を全部引き上げて、再利用のまた再利用です。こうした手作りの店から年間売上２００億のチケット屋が成り立っているわけです。

本社の椅子にしても、いろんなところで使われていた椅子を集めて再利用しているので、形も色も全部違います。椅子の機能さえあれば、何も同じ椅子を揃える必要もないわけです。社内の書類でも、コピー用紙にしても、私がものを書くときにしても裏紙の再利用です。これはケチというのではなく、モノを大事にするということです。質素倹約の基本的精神です。

私は車を買い替えるときなどは、「よく働いてくれたな、ご苦労さんやったな」と感謝の気持ちをもって車に話しかけます。日頃からモノを大事に扱っていると、モノも喜んでくれます。たとえば、いま針が一本ほしいと思うと、探し回らなくてもパッとその針が出てくる。山奥へ行っても、ここでピンが一本欲しいとか、糸が欲しいと思うと、それがすぐパッと現れる。どうしても必要、これがないと困るなというときに、そこにあるのです。それは不思議現象とかいうのではなく、普段からモノを大事にしているからモノに恵まれるということでしょう。

禅僧の修行などでは、手のひら一杯の水で顔を洗うそうですが、私も朝、顔を洗うときは水道の水をちょろちょろ出して手ですくっています。水道の水なんて安いものですが、ダーッと流したらもったいない気持ちになってしまうのです。石鹸でも小さくなったら張り合わせて使うので、親亀の上に小亀のように、二重、三重につながっています。安いモノでも大事に使ってあげたらモノが喜び、その人は、お金にも、物質にも恵まれるのです。

人材の適材適所ということが大切だとよく言われますが、モノにしても同じことで、大事にしてあげると本当に喜んでくれます。そして適材適所にちゃんと生かしてあげると、「嬉しい、嬉しい」と言って、逆に御礼をしてくれます。質素倹約をそこまで徹底すれば、経営の余裕資金は必ず生まれてくる。それがまた、スクラップ&ビルドのときの余裕にもなってくるわけです。

〈鉄則十七〉質素倹約に励み余裕資金をつくれ

固定費経営から比例費経営へ

「私のお針箱」の経営は、固定費経営ではなく比例費経営です。人件費や家賃などの固定費は、売上が上がっても上がらなくても必要な費用、営業しなくても発生するような費用です。それに対して比例費というのは、営業活動にともなって発生する費用です。

例えば１００でモノを売ったら、それに対する比例が人件費は40%とか、経費は20%とか計算して、残った40%が利益になるという計算が比例費経営です。営業効率をよくして経営を安定させるためには、固定費を押さえ、できるだけ比例費経営体質にするのが理想です。

比例費経営の場合、人件費も家賃も売上にリンクした計算でいくので、理論上では絶対に赤字が出ない。だから固定費が増えない比例費経営で商売をするのが一番いい方法ということです。

店や事務所を構えたら必ず固定費は発生する。店舗投資の固定費が多い場合、なかなか採算が合いません。一例をあげると、１００の売上に対して15～20％が家賃、工賃40％、経費20％です。経費は受付の人の人件費とか、材料費、電気・ガス・水道、そんな諸経費です。それらを差引いた利益が15～20％で、ここから投資回収です。

出店するとき家賃は予想される売上のうちの15～20％に抑えます。そしてできるだけ比例費の部分を多くしたら売上ゼロでも赤字は出ない。売上の何％が利益ですから、売上が上がるほど利益が出てきます。とにかく損益分岐点を下げるには固定費をかけないようにするのが、比例費経営の仕組みです。一方、甲南チケットは比例費経営というわけにはいかず、資金回転率をいかに高めるかという商売のやり方です。

チケット商はこれまで金券商といわれ金融業の部類に分けられていましたが、正確に言えば金融的側面と物品販売の側面を合わせ持っています。そして販売という観点から言えば、品揃え（売れ筋商品の在庫）が一番大事です。

「遊ばせている資金があったら、もっと商品をストックしておいた方がいいんじゃないですか」という社員もいますが、「品揃えで絶対欠かしてはいけない商品は現金だ」と私はいつも口をすっぱくして言っています。なぜならチケット商というのは、販売するだけでなく、買取の商売でもあるからです。商品を買いにくる人だけがお客さんではなく、売りにくる人も大事なお客さんなのです。

ところがどうしても商品の販売の方に意識が行ってしまうので、現金があるとすぐに商品の在庫を溜めてしまう。それでは、急に売りにきたお客さんの商品の買い取りができなくなってしまいます。

売ることで利益をあげ、買うことでも利益をあげる。これが薄利多売のチケット商売ですから、手持ちのキャッシュが少なかったら、せっかく売りにきたお客さんを他所にとられてしまうということです。だから各店には全在庫の20％の現金は絶対欠かしたらいかんと指導しているわけです。

余裕のある「現金」という在庫がないと、資金回転率を上げることはできない。本部が各店舗の資金管理をするというのが通常の経営だと思いますが、甲南チケットがここ10年間に急成長できたのは、立地戦略と品揃えだけでなく、20％ほどの現金を各店舗に準備させているからです。

本部は本部で、大量の買い取りができる準備はしています。そして、会社全体として必要な資金はまた別に用意して、二重、三重の安全対策を講じているから、一億円でも必要とあればすぐ出すことができます。チケット商は、いつそんな大金がいるか分からないからです。20％の資金を遊ばせているように思われますが、緊急出動隊のようなものです。「機敏に商機をつかむ」ことが、トータル的に資金回転率を高めることにつながるのです。余裕資金がないと、トータルでの回転率は確実に下がります。その代わり80％の商品は、徹底的に回転させていきます。松下幸之助も言っているように、小さな資金でも高回転にしたら大きくなるのです。

大きな会社でも普通の経営では資金は一回転もしない。大企業が投資した10億円の資金が回収されるのに通常何年もかかりますが、それを資金回転に換算すると1年間で0.3か0.4回転だったりします。しかし商売の規模は小さくても、小資本で年間50回転すれば、投資効率ははるかに上です。

大きな車輪を一回転させて10メートル前進するには大きな動力が必要です。それよりも、小さな車輪を高速回転させた方が、動力も小さくてすむし、前進する距離も長いという理屈です。

ちなみに甲南チケットの場合、資金の回転率は年間平均60回転です。ということは1万円を60万円、１００万円を６千万円、１千万円を６億円として生かしているということです。そうして年間２００億円の売上を達成するまでになったわけです。

〈鉄則十八〉できる限り比例費経営の体質にする

第4章

一から学んだ「商人道」

倉本長治先生の商人道

どんな分野であれ一流を目指すからには、一流の師の教えを得なければいけない。そのようによく言われますが、それは全くその通りだと思います。しかし運良く一流の師に出会えればいいけれど、自分で探すのは難しいものです。

私には、プライベートの人生まで大きく影響を受けた師はいませんが、商売のノウハウや意気などはいろんな人から学んでいます。たとえば株屋商売をしていた自分の父親は、「あんな博打商売は嫌いだ」と私に思わせたという意味で「反面教師」になってくれたと思います。

商売人の心意気という点では、唐木家具の仁仙江の吉田社長にその厳しさを教えてもらいました。近江商人で、しかも行商から叩き上げた人でしたから、最近では珍しい筋金入りの商人でした。いつも「信用、信用、信用さえあれば金が動く」と言って、とくに商人魂というものを勉強させてもらいました。それからチケット商をするときは、ギフトステーションの森本社長に親しくしていただき、ビジネスノウハウの伝授を受けました。

経営学の学問の師は、神戸大学に学士入学したときに教えを受けた会計学の溝口一雄教授です。しかし経営学はあくまでも理論であり、それがなければ一流の商人になれないというものでは決してありません。私が商売を始めてからこの理論や知識は大いに生かしたつもりですが、経営学理論が全人格的な影響を与えているわけではないのです。やはり商売人として全人格的な影響を受け、私の大きなバックボーンになっているのは、「商業界」の倉本長治先生の商人道です。

「一体、経営学などと称するものが、本当に科学として確立しているのか、私にはどうも判らない。経営が科学的であることは、専ら大切であることは当然であるが、人間と人間との間で、お互いがその価値判断にもとづいて行うところの商売には、科学的である一面、ヨリ哲学的であることの方が大事というか、根本なのではないかと思うことがしきりである。」（倉本長治著作集第一巻より）

それまではどちらかというと経営理論に傾いた考え方をしていた私に、商売人として持つべき「モラルと誇り」を叩き込んでくれたのです。商いの具体的なノウハウなら他のセミナーなどでも学ぶことはできますが、商業界で学んだことは具体的な実践とともに、商売の哲学・倫理です。それを一言で言えば「正しい商人道」です。

昭和52年、私は星電社の後藤博雅社長に誘われるまま商業界のゼミナールに行くようになり、途中で何年かの空白があったものの、今日までずっとお世話になっています。こうして現在の私があるのも、倉本先生の教えに大きな精神的支えを得たからだと感謝しています。

戦後日本の創業者や経営者の多くは、この商業界で学び育ったといっても過言ではないほどです。とくに量販店ダイエー、ニチイ、ジャスコ、長崎屋、イトーヨーカドー、ヤオハン、星電社などの創業者たちは、みな商業界で学んでいるわけです。おそらく日本の流通業の経営者の99％は何らかの形でお世話になっているでしょう。バブル経済崩壊の後遺症が長引き、量販店の多くは潰れていきましたが、商業界で学んだことをもっと忠実に実践していたらと、残念に思われてなりません。

毎年2月、3日間の日程で開催される商業界のゼミナールには、全国から何千人もの商売人が箱根に参集します。私がこのゼミナールに通いはじめた頃、成功されている方々の姿を間近に見て、いつか私もそういう姿になりたいという気持ちで学んでいましたが、昭和56年に健康産業に熱を入れだしてから3年ほどは遠ざかっていました。

しかし経営状態がおかしくなり、逆風の中で何もかもがちぐはぐになって苦しんでから、もう一度気持ちを立て直そうと、商業界に復帰したのが昭和62年のことです。気持ちの立て直しというより、「商売人根性」の叩き直しといった方がよいかもしれません。

その前年、昭和61年には新規事業の「私のお針箱」1号店を立ち上げていましたが、赤字続きで思うように軌道に乗りません。他にもいろいろ新規事業の調査は続けていたものの、これといった商売はなかなか見つからず、泥沼に足をすくわれたような毎日でした。

時間と金を費やして勉強をする暇があるならもっと商売に精を出せ。そんな声も自分の頭の中には聞こえてきましたが、ジタバタしても始まりません。ゼミナールの講義にじっくり耳を傾けているうちに、しだいに勇気とやる気がもりもりと湧いてくるのです。そして頭がクリーンになるとアンテナの感度も上がり、人の何気ないアドバイスや情報も敏感にキャッチして、新しいアイデアも浮かんで

天徳行列　H6　56歳

きます。

「神戸のみたらし団子の店に人が行列をつくっている」

例えばそんな話を小耳にしても、以前だったら聞き流していたかもしれないのに、直感がピンと働いて、さっそくその店に走る。そして昭和63年にできたのが「こうなん天徳」、みたらし団子の岡本店です。

前述したように、この商売はたいへん儲かったし、なによりも現金商売であるのは大変ありがたかった。そのおかげで運転資金に余裕ができ、気持ちの上でも余裕が生まれてきたのです。

「私のお針箱」を固定費経営から比例費経営に切り替え、軌道に乗ってきたのもその頃です。資金的な余裕、気持ちの余裕が、経営の好循環を生み出すのです。

昭和の石田梅岩とも言える倉本長治先生の「商人

要道」は、商売人だけに限らない、宇宙の摂理にあった生き方をしなければいけないという一種の人生哲学です。商売はその摂理にあうような形で最善策を講ずれば、おのずと繁栄するし、その人の人生も豊かになり幸福になるということです。私も還暦を過ぎて、この商人道がつくづく身にしみます。

商人道の基本を学ぶ

倉本長治先生が「日本商人の心の確立者」と認める石田梅岩（１６８５～１７４４）は、赤穂浪士の主君あだ討ち事件があった時代に活躍している。商人上がりの町人学者として、一般庶民に広く門戸を開き、それまで低く見られていた商人に対する偏見を正すと共に、商人としてのあるべき道を説いた。

当時は、「買い占め・売り惜しみ」で貧しい武士や百姓を食い物にして高利をむさぼる悪質な商人も多かったようで、大老柳沢吉保に信任された学者・荻生徂徠は「商人は潰れてしまえ」とまで言った。それに対して石田梅岩は、「学者先生たちは商売や商人のことをよく知らないのに批判するのは不当だ」と反論した。

「商人のうちには間違った考えの人もいる。また、そんな生き方が商人の道だと思っている者もあろう。だからこそ、此の人々に、商人も武士と等しく人間であると自覚させ、倫理を説くことが今や非常に必要なのである。これこそ私に課せられた重大な天職と思わざるを得ない」

梅岩は中年になってその天職を自覚し、商売人を止めて私塾を開き、「節約こそ神仏儒に次いで大切なこと」だと、商人倫理の確立や世の啓蒙のため、自らも宗教的求道者のように精進した。（以上『商いの倫理』倉本長治著作集より参考）

梅岩の心の教えは世に広まり「石門心学」と呼ばれ、商人ばかりでなく多くの江戸庶民に多大な影響を与えたが、倉本長治先生は戦後の小売業界の経営者たちにとってまさに石田梅岩だった。

また、井原西鶴が説いたという「商人道」として、有名な四つの教えがある。

一、「始末」凡人なら誰もがしたいことを徹底的に我慢し、節約すること。自己資金を稼ぐ正攻法として、まず始末が肝心。

二、「算用」勘定や財政の収支尻を合わせ、採算をとること。「入るを計って出るを制する」のが商売の基本。

三、「才覚」知恵や工夫をこらし、機敏に商機をつかむこと。資金の回転を高め、利幅を大きくすることが大切。

四、「信用」正直な商法で約束を守り、お客や取引先の信用蓄積が何よりも大事。

私は今も、この標語をノートに挟んで常に持ち歩き、トイレの中にも貼って、ときおり反省しつつ眺めている。また私は、松下幸之助の説いた「商売戦術十カ条」も頭に入れている。これは「店」「お客」「奉仕」「資金」「損益」という5つの項目を十カ条にまとめたもので、私の経験則からしても心底納得することばかりである。

たとえば「店」については、「店の大小より場所の良否。場所の良否より商品が大切」とある。

「商売は世のため人のための奉仕であり、利益はその当然の報酬である」と、「奉仕」の心を説いている。

「資金」については、「資金のなさを心配するな、信用の足りないことを心配せよ」とあり、それに続いて「資金の回転を多くせよ、１００円の資本も10回転すれば１０００円となる」とある。

商売の神様とまで言われた人の言葉に説得力があるのも当然だが、最近のベンチャービジネスの傾向を見ていると、こうした商売の鉄則・法則を逸脱しているものが多いように思われる。

実はそう言う私自身も一時期、商人道を忘れていたために経営に行き詰まってしまったのだ。

商人道の手本「商売十訓」

「西武、信用低下は必至」

日経新聞（２００４年11月17日）に、こんな大見出しが踊っていました。

続いて、「東証が上場廃止決定」「グループ再建　資本面で影響」などの小見出しが目につきます。

長年、西武王国に君臨し、政財界にもその名を轟かせてきた堤氏がなぜ。世間はそのことを不思議に感じるわけですが、おそらく内部告発によって発覚したものと思われます。

この西武に限らず、優良企業と言われてきた内部管理のずさんさや、さまざまな捏造事件は後を絶ちません。こうした事件が発覚するのは、内部告発によるものだけでなく、企業の情報公開に対して、投資家はもとより一般市民の監視の目が厳しくなってきた結果とも言えるでしょう。

そもそも企業の経済活動というのは、それが株式会社であろうと、個人商店の域をでないものであろうと、社会的な活動です。その活動がどういうものであれ、人のため世のためにならなければ存続できないわけです。いつの時代にも世に害悪を流すアンダーグランドなものも存在しますが、それらはいずれ自滅するか社会の制裁を受けます。

30数年に及ぶ私の経営経験から則して考えてみても、人のため世のためになる活動を続けないと事業の発展はないのです。「正しい商人道を貫く」という経営者の姿勢が、組織を活性化する原動力ともなるからです。

「商業界」を創設された故・倉本長治先生は、正しい商人道について、「商売十訓」を挙げています。

一、損得より先に善悪を考えよう

二、創意を尊びつつ良いことは真似ろ

三、お客さまに有利な商いを毎日続けよ
四、愛と真実で適正利潤を確保せよ
五、欠損は社会の為にも不善と悟れ
六、お互いに知恵と力を合せて働け
七、店の発展を社会の幸福と信ぜよ
八、公正で公平な社会活動を行え
九、文化のために経営を合理化せよ
十、正しく生きる商人に誇りを持て

私は、商人道のバイブルとも言えるこの商売十訓をはじめ、松下幸之助の経営思想に全人格的な影響を受け、いまもそれは大きなバックボーンになっています。

事業成功の5つの鉄則や管理会計も重要です。しかし、そういう知識やノウハウを生かすも殺すも、結局、経営者各自の姿勢と信用力なのです。この「商売十訓」を実践できれば必ず信用力はつき、それに比例して事業も発展するはずなのです。

では、この十訓を一つずつ挙げて、私なりの考えを述べさせてもらいます。

損得より先に善悪で判断する

ここ数年、でたらめな食品表示の頻発が大きな社会問題になっています。安全・安心を求める消費者意識の高まりがその背景としてありますが、言い換えれば、これまでは食品表示の疑惑が野放しにされていた、ということにもなります。

食品業界に限らず企業モラルの低下はあらゆる業界で見られます。リコール隠しをした三菱自動車が大きなダメージを受けているように、世間をあざむく企業はいずれ存続の危機を招きます。創業精神を忘れず確固たる企業理念をもつ会社は、不況にあっても業績を伸ばしているように、これからはますます企業ポリシーが問われる時代になってきます。

企業理念や戦略といったものは、起業した後で自ずとできてくる。私は先にそう述べました。起業したばかりのスモールビジネスのうちは、形や格好にこだわっていてはいけない、という意味でそう言ったのです。起業のときはがむしゃらでいい、と。

けれども、やがて人を使うようになり小さいなりにも組織ができれば企業体です。その組織のトップが人間的なモラルとしての企業理念を掲げなければならないのは当然のことです。経営者は決断するのがいちばんの仕事です。その決断のさい、損得ではなく善悪で判断することが、結果的に信用につながるということを肝に銘じておかなくてはいけないのです。この信用こそが、商売人の一大財産です。

実際、商業界の故・倉本長次氏が唱えた「商売十訓」の第一番目は、「損得より先に善悪を考えよう」というものでした。商売人のバイブルとも言える十訓の第一番に、損得より先に善悪を挙げているのは、たいへん重要なポイントなのです。

商売を長年続けていると、山あり谷ありで、苦しいことも多々あります。ピンチになって苦し紛れに、つい目先の利益に走ったり、悪いことと知りながら、自分の損得勘定ばかりで判断する。そういうことを続けていると、たちまち信用を失い、結果的におちぶれていくのです。ピンチに陥ったとき、信用がない人は周りも助けてくれません。

「商売人は信用が第一やで。信用がなければ1千万円は1千万円の値打ちしかないけど、信用さえつけば、それが3倍にも5倍にもなる」

私が商売を始めたころ、先輩にそう教えられたものです。実際、大きな信用というものは、お金では換算できないくらい価値があるのです。

松下幸之助は「商売戦術十カ条」のなかでこう述べています。

「資金のなさを心配するな、信用の足りないことを心配せよ」

この信用の力こそ、スモールビジネスから事業への展開をもたらす礎なのです。

常に損得より善悪で判断するモラル。事業を大きくしたいと望むなら、それも事業家に求められる必須条件の一つです。

「積極的に真似る」ことは戦略的極意

商売十訓のトップに挙げられる「損得より先に善悪を考えよう」については、繰り返し述べたので、十訓の２番目について考えてみます。

シャープの創業者・早川徳次は「人が真似するような商品を創れ」と、社員たちに口癖のように言っていました。他社が追随したくなるほどの売れる商品を開発せよ、ということです。シャープがいまも、液晶や太陽電池などでは世界のトップシェアーを確保しているのは、「創意工夫」を社訓とした創業者理念が息づいているからでしょう。

こういう開発型メーカーの場合はとくに、商品企画力や開発能力が問われます。では、商売人にとっての「創意工夫」とはなんでしょうか。

商売十訓では、「創意を尊びつつ」、「良いことは真似ろ」とあります。私はこう解釈します。「創意」と「真似る」ことは、一見違うことのように思えますが、実は、表裏一体の関係にあるのです。たとえば、あるモノを新たに開発するにしても、１００パーセント独創的なものなどつくれません。人間がつくるモノはすべて、先人たちの造ったものや伝統的技法などからヒントを得て、改善改良されていくものです。

モノづくりは創意と模倣の連続であり、先人たちの創意にも、彼らの先人の「模倣」が含まれている。模倣して改善し、失敗してまた模倣・改善し、さらに改良を加えていくなかで、「独創的」なモノが生まれるわけです。何かにヒントを得て真似ることから、創意も工夫も生まれる、と言ってもよいでしょう。早川徳次の言う真意もここにあると、私は考えています。

先に私は、「二番手商売でブランドをつくる」話をしましたが、それはまさに、「創意を尊びつつ、良いことは積極的に真似する」ということに他ならないわけです。

何が創意で、何か非創意なのか。それを選ぶのも商売人の感性というアンテナです。このアンテナを巡らすことによって、多くの人が望んでいる市場ニーズをキャッチする。あるいは、世に埋もれている良い商品を見つけていく。モノ造りをしない商売人にとっての「創意」とは、感性の高いアンテナでニーズや良いモノを発見することです。そこに商売の可能性が生まれてくる。

しかし、この創意（アイデア）を商品化したり、市場に流通させるには資金力が必要であり、創意だけでは厳しい商売の競争には勝ち残れない。だから、これはと思う商売を積極的に真似て、より確実で安全な「二番手商売」でいく、というのも戦略的な方法なわけです。

ちなみに、販売戦略や組織づくりが上手かった松下幸之助のビジネス戦略は、どちらかといえば二番手商法といえるかもしれません。先発メーカーの開発商品が売れだした頃、後から追い上げてトップシェアーをとるというやり方です。だから「マネシタ電器」とマスコミや世間に揶揄されたりしましたが、これも立派な商売の戦略なのです。

つまり、真似るだけでなく、「積極的に真似る」というところが十訓の2番目のポイントで、商売の戦略的極意（鉄則）を表した言葉とも言えるわけです。

お客さまに利益をもたらす店が繁盛する

では次に、商売十訓の3番、4番目について考えてみます。

「お客さまに有利な商いを毎日続けよ」は、お客側の立場。

「愛と真実で適正利潤を確保せよ」は、店（企業）側の立場を示しています。

商売というのは、モノを売るだけの行為ではなく、売ったり・買ったりするのが実際の商行為です。だから、この2つの言葉も一対のものとして理解する必要があります。

私は従業員に向かって、また、講演などでよくこう言います。

「この店を儲けさせて繁盛させてやろうなんて思ってくるお客はひとりもいない。お客はいつも自分にとって利益となる店にいく。だから少しでもお客の利益になるような商い方を工夫しないといけない」

実際、自分がモノを買う時や、何かのサービスを受けるときのことを考えてみれば納得するはずです。少しでも安い店、ちょっと高いけれどアフターサービスのよい店、同じモノを買うなら店員の応対がよい店、便利な店、味がよい店、信頼のおける店……などなど、お客はそれぞれのモチベーションや懐具合、あるいはその時の気分などによって店を選択します。お客の動機がなんであれ、基本的には「自分にとって有益」な店を選ぶはずです。

だから商売人は常に「お客さまに有利な商い」をしていかなくては店の発展はない。これは近年よく使われる「顧客第一主義」とか「顧客満足」「CS」といった言葉とその意味は同じです。ただ、顧客第一主義とか顧客満足というのは、やや抽象的なきらいがあるのに対して、商売十訓のほうは非常に具体的です。経営者の理念を社内に浸透させるためにも、従業員教育のためにも、その言葉は抽象的より具体的なほうがわかりやすいし有効的です。

では、「愛と真実で適正利潤を確保せよ」ということをどう理解するかです。この言葉は、「お客さまに有利な商い」と対置すると、一見矛盾しているように感じられるけれど、決してそうではない。一対の言葉として、商売の本質を的確に表現しています。お客の利益（有利な商い）と会社の適正利潤を、同時に実現してこそ企業の成長発展もあるからです。要するに、お客にとって利益となる店が繁盛するのです。

では、倉本長治はなぜ、「適正利潤を確保せよ」の前に「愛と真実で」と強調したのでしょうか。そのことについて、私はこう考えます。

お客の立場に立って考えれば、自分の商売に愛情（情熱）と真実味（誇り）をもっている商売人は、信頼が置けます。その信頼性を高めていくことに努力することが、自ずと適正利潤を得る商売につながるということです。

また、従業員の立場になって考えれば、経営者の人間性に「愛と真実」が感じられなければ、彼等はついてきません。仕事の効率化どころか社内に不正がはびこったりします。結局、どんな商売をするにしても、経営者自身の姿勢ひとつにかかっているということです。

商人としての誇りを持て

ここ10年、企業の倒産を眺めていると、1つの共通点がはっきりと見えます。理念のない会社がどんどん潰れていることです。バブル崩壊の後は、相場に翻弄された結果の倒産がほとんどだったけれど、近ごろは、経営者のポリシーのなさが倒産劇の大きな要因になっているということです。

事業は価値の創造です。その企業活動によって、どれだけ社会的な付加価値を生むかどうかにある。利益をたくさん上げて税金をより多く納める努力をすることもその1つであるし、地域社会の雇用を増やしたり、商品開発や技術革新によって人々に便利さや快適さを提供するのも1つ。これを一言で言えば社会貢献ということになるわけですが、経営者自身にこの観念が希薄だと、その会社はどうしても企業体質が不健全なものになってきます。

商売十訓の９番目は、「文化のために経営を合理化せよ」とあります。これは経営者としての理念を問う言葉だと、私は解釈しています。

日本が高度経済成長期に入ったとき、文化住宅とか文化生活といった言葉がさかんに使われるようになったことを覚えていますが、この「文化」というのは広義な意味で「物質的にも精神的にも豊かな暮しができる社会の基盤」ということができるでしょう。つまり、食事を楽しむ、音楽を楽しむ、レジャーを楽しむのも文化であり、橋を架けるのも道路を整備するのも同じく文化づくりということです。

企業活動というものが「文化」に直結したものであると自覚したら、経営者は自ずと企業理念というものがいかに大切であるかを認識するはずです。そして、事業拡大・発展のために経営の合理化をはかる際でも、この文化を基準とした考え方になるはずです。文化を基準とした考え方、それが経営者の理念にならなければ、企業の永続発展もありえないのです。

さて最後（商売十訓の十番目）に、「正しく生きる商人に誇りを持て」という言葉がきます。これは結局のところ、十訓の1番目（損得より先に善悪を考えよう）につながるものと理解できます。

江戸時代に「士農工商」という身分制度が続いたせいか、現代日本人の潜在意識のなかには、未だに商人を見下す意識があるように思います。しかし戦国時代、織田信長は商売人の価値と役割をよく知っていました。信長のつくった「楽市楽座」のおかげで商品経済は自由になり、地方に限られていた商品の全国流通が可能になったわけです。

東西文化交流のシルクロードを商人たちが開拓したように、どんな事業であれ、モノを売り買いする行為がなければ商品経済は成り立たず、企業も存続できないわけです。また広い意味で、商売人ほど文化的・社会的貢献をしている職業はないのです。「私は商人として誇りを持っている」と、堂々と言ってほしいものです。

その誇りを支えるものは、「商売人として正しく生きている」という強い自負の念です。どんなに厳しい状況にあっても、経営者がその自負と信念を持ち、常に善悪で物事を判断していけば、事業は継続発展していくのです。

商人道から見たM&A

「商人道」という言葉は何となく古臭く、現代にそぐわない価値観だと思われるかもしれないが、そんなことはまったくない。いつの時代においても、始末（質素倹約）や算用、才覚（創意工夫）や信用というのは、ビジネスの基本中の基本である。この正しい商人道をしっかり身につけ、人間性を磨いていけばどんな商売をしても成功は間違いない。

ところで、この商人道の観点から、近年のM＆Aや上場をどうとらえたらよいのだろうか。商売は「あきない」と言うように、地道にコツコツと同じ商売を続けることによって信用も得られ、発展もする。先祖代々の家業を守るという世襲制の価値観も根強い。だから「店を売る」などというのは、昔はなかなか考えられないことだった。

しかし今は、商品やビジネスモデルだけでなく、会社の寿命さえも短くなっている。同じ「あきない」を続けていては発展性がないだけでなく、倒産のリスクもある。「継続は力なり」というのは確かだが、マンネリの「あきない」では発展がない。

その点、Ｍ＆Ａは事業の発展的継承であり、買う側も売る側もメリットがある。敵対的に買収されるようではいけないが、「見切り千両」というように、企業価値が高いときに売却するタイミングが大事である。モノを売るよりも、価値ある会社を売るほうが利益率は高い。だからこれからは、企業価値を高めて会社を売ることは当たり前の時代になるだろう。最近、吸収合併される会社の株主が吸収する側の株を受け取る「三角合併」というのが法的に認められたので、Ｍ＆Ａはますます増えていくだろう。

上場企業の場合、企業価値を高めてディスクロージャー（情報開示）しないことには、株主に見放されるし、鵜の目鷹の目のファンドにも狙われやすい。ファンドによる敵対買収を警戒して上場を廃止する企業がある一方で、個人の株式投資がさかんになり、株価を操作する上場詐欺も横行している。

このように企業そのものが売買される国際的な戦国時代にあって、経営者として最低限守らなければならないことは、自分の会社を潰さないことである。会社の倒産がどれほど周りに迷惑や被害を与えるものか、経営者はその悲惨な実態を知らなくてはいけない。倒産の理由がどうであれ、責任は経営者にある。惨めな倒産にいたらないためにも、新たなビジネスモデルに挑戦し続け、企業価値を高めていかなければいけない。そして、時期がくれば会社を売ることを躊躇する必要はない。

とにかく自分や家族の幸せだけでなく、世のため人のためにはたらくことが正しい商人であり、商売を通じて人間性を磨いていくことが商人道である。

商売人の遠い原点はシルクロードにある

物流というのはどの時代でも商売の動脈である。物産や商品を流通させる運搬ルートと、それを担う運送業者がいなければ商売は発達しない。

クロネコヤマト宅急便を創設した故・小倉昌男は、いわゆる業務用の運送会社の二代目社長だったが、いち早く一般家庭の物流に目をつけた。郵政省と粘り強く交渉し、規制でがんじがらめだった法律を変えさせることで、郵便局が独占していた市場を開放させたのだ。普段は物静かな紳士だが、郵政省を相手に一人で大喧嘩したという話はあまりにも有名だ。

近年はネット販売の普及もあり、宅配はなくてはならない物流に成長しているが、その陰には国（郵政省）を説得して物流のイノベーションを実現させた、小倉昌男という一人の男の事業家魂があったことを忘れてはいけない。法律の規制を解いたこの先駆者がいたから、民間での自由競争が起こり、宅配をはじめ引っ越し業などの運送業が一挙にさかんになったのだ。

日本では江戸時代に、士農工商という身分制度があったせいか、「あの人は商売人だ」という言い方で、商売を見下げるところが今でもある。企業では研究開発や企画部門がスポットを浴びがちだが、どんな大企業でもモノを売ることなくして経営は成り立たないのだ。その点から言えば、どんな業種も「商売」に違いないのである。

ユーラシア大陸の東西を結ぶシルクロードができたのは、命がけでモノを運んだ商人のおかげである。経営者に求められるのは、何がなんでもやりとげるという情熱と執念、すなわちシルクロードの商人のような熱い魂だ。その意味で、商売人の遠い原点はシルクロードにある、と言っても過言ではないだろう。

相手を潰そうという魂胆でやる商売に繁栄はありえない

儲かる商売には競合がどんどん増えてくる。私が「甲南チケット」を設立した１９８９年（４年後に法人化）から数年後には、雨後のタケノコのように競合店がどんどん進出してきた。そのなかには、甲南チケットを潰しにかかってくる同業者もいて、他店と連係して安売り競争を仕掛けてきたりした。それは受けて立つしかないが、あまりにもアンフェアなやり方をする同業者もあった。

「甲南チケットより高かったら、それより安くします」

店頭のＰＯＰ広告に、そんなことまで書いていたのだ。

チケットは商品の質や店のサービスで競争する商売ではないから、当然、お客さんは安いほうを選ぶ。この同業者の商道に反したやり方には腹が立ったが、ここは持久戦で耐えるしかない。相手が値を下げたら、こちらもすぐ下げていく。しかしこんな値引き合戦を長く続けていたら、自分の首を絞めることになるのは明らかだ。

しかしこの闘いに限っては、私は意地でも撤退しないことを決めていた。その結果、1年ほど後に、その2店舗とも撤退していった。

ビジネスモデル（戦略）がいくらよくても、相手を潰そうという魂胆でやる商売に繁栄はありえない。「商売は共存共栄である」というのは、決して綺麗事で言っているわけではない。

1995年（平成7年）に私は、携帯電話の販売店を神戸ナンバーワンの店のすぐ横に出店したが、同業者が集まると集客効果があると考えたからだ。実際その通りになってライバル店は増えたが売上はむしろ上がっていった。

最近は「ウィン・ウィンの関係」と言われたりするが、共存共栄は昔から商人道の暗黙ルールの一つなのである。

信用のあるところに「天下の金は回る」

会社の経営者は常に節税対策を考えています。節税するというのは、自分や会社が得をして、社会に還元する税金を減らすということです。昔は私も、資金の内部留保のためにも節税に知恵を絞ったりしましたが、最近はそういう意識を持ちすぎてはいけないと考えています。

経営者が自分のために豪華な車を買ったり、社長室を快適なものにしたりするのは、それまでの経営努力に対する自分自身へのご褒美です。それくらいの贅沢は許してもらえると思いますが、公私混同が行き過ぎて脱税ということになると、それは明らかに社会的犯罪です。

オーナー企業であっても会社というのは社会の公器であり、その意味では社長といえども社会の一奉仕人です。社会から儲けさせてもらったのだから、その利益の半分を税金として還元するのは当たり前で、それが何よりの社会貢献です。社会福祉施設に寄付したり、世界の難民にお金を送るのもいいけれど、そのために払うべき税金をごまかしたりすれば本末転倒というものです。

実は、我が社には一度、国税局の調査が入ったことがあります。脱税容疑にかかるようなことは何もなかったのですが、その時は一瞬青くなりました。国税局が入ったらその会社はつぶれるなどと俗に言われているからです。ところが我が社は、逆に急速に成長していったのです。そこで改めて痛感したことは、税金を正しく払うということは社会的信用が増すということです。

商売をやっていると、お金の値打というものが痛いほど分かりますが、それ以上に値打があるのが社会的信用です。しかし商売をやりかけた頃はお金がないので、どうしてもお金を追い求めようとする。それをやりすぎて人の信用を失ったりしますが、本当は金をつくるより信用を築く方が先決なのです。「資金のなさを心配するな、信用の足りないことを心配せよ」（松下幸之助）ということです。

「小林さん、金、金、言うたらいかんよ。あんたがもし1千万円を持っていても、信用なかったら1

千万円しか使われへんで。しかし信用があったら、２千万、３千万円でも金が動きますよ」

商売を始めて間もない頃、仁仙江の吉田社長はそんな忠告をしてくれたものですが、私はその言葉を肝に銘じてやってきたつもりです。資金も人も倉庫もないのに、何千万円もする高級な唐木家具を委託で商売することができたのは、私という人間を信用してもらったからです。在庫ゼロの商売、まさに信用の賜物という他にないわけです。

初めての取引相手と商売するときには信用調査はつきものですが、人間的な信用というのはドライな契約関係とは違うのです。「販売力があるし、支払いがきちっとしている、あの人やったら大丈夫や」という人の評価が背景としてあって、信用を築けるわけです。

そういう絶対的な信用を得たら、積極的な行動も起こしやすくなります。たとえば私が唐木家具の催しの企画書をつくって百貨店に提案するときも、分厚い書類は不要でした。信用があるから、簡単な企画書一枚でも話が通じるわけです。

「甲南さん、この催しはもう少し売場を広げてやりましょう。だから品揃えも増やしてください」と、応援してくれるようなことまで言ってくれて、その準備も積極的に手伝ってくれます。

信用を築く基本は何かといえば、損得よりも善悪で判断して行動することです。基本的には商売の世界は損得ですが、損得ばかり言っていたら信用がなくなります。それから、人に迷惑をかけないこと。約束はかならず守る。些細なことでも約束は約束として守り、待ち合わせ時間にも遅れてこない。

そういう日常的な言動が積み重なって、ようやく絶対的な信頼を得ることができるのです。

「金は天下の回りもの」とよく言いますが、信用のない人がいくら待っていても「天下の金」は回ってきません。信用がある人のところに、金が回ってくるということです。

何のための商売なのか

人生というのは、運・不運が大きく左右すると思います。運・不運はその人の考え方や判断によって決まることが多いけれど、自分の力ではどうにもならない不可抗力のものもあり、自分の意思で決められない父母との関係という運命もあります。つまり、自分の父母との関係、生まれた時代、生活環境などもすべて含んだ「環境」も、その人の持って生まれた「運」の一つということです。

「社長になって大きな家に住みたい」

私はそんな単純な動機から商売人になったわけですが、その因をたぐりよせると結局、生まれた環境に行き当たります。

しかし私は運命論者ではないし、むしろ運命は自らの意思で開拓するものだと思っている。また私は現実主義者であり、自分が生きているこの現実世界がすべてだと思っているので、死後世界の存在は信じていない。仏教に限らずほとんどの宗教は、善行を行えば死後に極楽往生できる、天国に行けると説いていますが、そういう世界は存在しないと思うわけです。

仮に輪廻転生というものがあるとしても、私が死んだあとの１００年後、１０００年後がどうなっているかということは分からない。もし人が生まれ変わるのだとしたら、私の生まれる前の１００年前、１０００年前のことが分からないと理屈に合わない。こういうことは理屈で分かることではないにしても、分からないということは確かです。

ただ自分がこの世に生まれてきたのは、両親の前にも、その前にも、またその前にも延々と続く先祖があったからということは確かなことです。自然豊かな美しい日本に生まれて、暮らしも豊かになり、幸福な人生を送れるのは先祖のおかげだとも思っています。

この感謝の思いというのは、仏や神を信じるという以前の意識であり、人間であれば誰しもが抱いているごく自然な感情でしょう。その自然な感情に従って素直に考えてみると、今の自分の考え方や言動をいい加減にできないとつくづく思うわけです。

私が父母からの遺伝子を受け、いろんな教育や考え方、生き方から影響を受けているように、今度は私が先祖として自分の子どもやその孫に伝えている。そういうことを考えると、自分の死後のことはどうあれ、やはり悪いことはできません。

長い間商売を続けていくと、さまざまな誘惑に出会います。その中には人に迷惑をかける一獲千金の誘惑もあるかもしれません。そのときに、善悪の判断を投げ捨て、チャンス（幸運）到来とばかりその話に乗って大儲けする商売人もいます。それが「機敏に商機をつかむ」商売人の才覚だと、その人は思うわけです。

世の中にはそういう商売人が少なくないのも事実ですが、人を泣かせたり迷惑をかけたりする商売が長続きするわけがないのです。仮に一代で財を築いたとしても、次代で破産という憂き目にあうのがこの世の常です。

「お天道さんに恥じないことをしろ」と、昔の人はよく言いました。結局、商売人に限らず人の幸せというのは、この言葉に尽きるのではないかと思います。なぜなら、信用第一をモットーに正しい商売を続けていれば、幸運の方が向こうから近づいてきて、「商機をつかむ」こともできるからです。

もちろんそのときは機敏に行動しなければ、せっかくの幸運を逃してしまいます。だからその幸運をものにするためにも、「始末・算用・才覚・信用」、この4つを意識して自分自身を磨いていく必要があるわけです。そして常に忘れてならないことは、自分は何のために商売をするのかということではないでしょうか。

喰うために
商売する勿れ
喰うのが目的で

生きる勿れ
生きるために喰い
商売するために儲けよ
だが忘れるな
何がために生きるのか
何のための商売なのか

倉本長治著作選集第一巻より

まとめ――倉本長治先生の「商人道要諦」

参考までに、「倉本長治著作選集第一巻」から含蓄のある言葉を挙げておきますので、味わってみてください。

倉本長治先生の「商売人要道」抄録（『倉本長治著作選集第一巻』より）

○舵を失った船が波のまにまに漂うように、目標を失った生暖かい人も、さまざまな方向へ誘われる。

○商店は、とかく店構えに気をつかうが、店構えよりも心構えの方が大切である。

○商売とは面白いものだ。これでウンと儲けてやろうとすると繁昌が逃げていくが、お客が得するようにすると繁昌が自分からやって来て、自然と金が儲かってくるからである。

○商売をして儲かるということは、お客から金を奪うということではない。お客という消費者の利益を増大することなのである。

○不況の時にも耐えられる経営が本当の健全経営なのである。

○商人は敵をつくってはいけない。不景気でさえも味方につけよ。

○艱難が人間を磨くように、不景気は商人を鍛える。

○不景気は昔から常に敏腕な経営者の味方であった。

○動かない水は腐る。店も品が動かないと廃る。不景気にも物と金は激しく動かせ。それは儲かるからではなく、腐らないためである。

○平凡な商人には急激な繁昌がないと同時に、緩慢な失敗がある。

○繁盛がウソのものか本当のものかは、買物をするお客様が「有難う」と言うか言わないかで区別することができる。

○ムズカシイ販売を進んで打開する店員こそ勇気のある販売員と言える。世の中には勇気だけで解決する問題も多いものである。

○販売に当たって困難を恐れるな。むしろ、不可能にさえ立ち向かうほどの勇気がほしい。

○他店がよく売るのを見たら、その真似をしよう。それが真似ごとでもキットお客は喜んでくれるだろう。

○ほんとうに心から満足したお客は、売り手に有難うを言う。それが正しい販売の姿である。

○よその店が売れるのが不思議である人には、自分の店が売れないのも不思議である。

○販売に大切なのは、販売技術より商品知識である。口先より良心である。

○売る身になって買うお客はないのだから、買う身になって売らねばならない。

○月の経費を1万円節約することは、普通50万円の売上増進と同じ意味であり、それを実行することは、売上増進を計るよりも50分の1もやさしいことである。

○営業上の所得税は、商売の糞のようなものである。ご馳走を食べながら糞の出るのを心配したのでは、折角のご馳走が不味くなる。

○人間も活溌に働く人ほど有能であるように、現金も大いに働かせよ、商品も活溌に動かせ。

第5章

総合的な創造活動と人間力

社長初講演　神戸商工だより掲載　H11

「経営の近代化」に向けて

企業経営というのは規模の大小に関わりなく、成長発展させようと思うなら、総合的創造が求められる。戦略戦術を練り、それを実行し、方向に誤りがあれば即時に方向転換をしたり、常に次の一手も考えながら先にすすむ。

そして経営者には、常に決断が求められる。

企業のコンプライアンスの重要性がやかましく言われている今日、損得よりも善悪の判断を優先することが事業を健全に伸ばす原理原則である。

ロマンを追い求める野心的な若い経営者に出会うのは嬉しいものです。そんな人に会社経営についての意見を求められたら、私は必ず次の3点をアドバイスするようにしています。

一、全財産の20％の余裕を持つような経営体制を確立すること。
二、経営体質を確立したときには、さらに損益分岐点を下げる努力をして、できるだけ比例費経営体質に持っていくこと。
三、会社経営を安定させるためには資金管理、財務管理、商品管理なども含めたシステム管理が絶対であること。

会社の規模が大きくなるにつれ、これらのことは絶対やらないといけません。

我が社では、各店舗の毎日の入出金情報がオンラインで本部に入るようになっています。しかし情報やデータをいくら集めても、経営者がそれを読めなくては意味がない。私は、入力データを一目で分析できるようなシステムをつくっています。資金が常に無駄のないように運用されているか、過剰在庫がないか、その状態を把握していく。そして不良在庫などがあった場合は、すぐに処置をするように指示を出す。また売上の変化を見ながら、スクラップ＆ビルドのタイミングを計っていくわけです。

私は一応ここまではやってきましたが、これからのテーマというか課題は、経営のさらなる近代化です。経営の近代化ということは、すなわち経営と資本の分離ということです。将来できればこれをやりたいと念じており、その思いが今の私の大きなモチベーションにもなっているのです。

モチベーションといえば、少年時代のそれは社長になって大きな家に住みたいということでした。その夢を持ち続けていたから商売の道に入り、商売人になったからには日本一を目指すと人にも公言してきた。規模では日本一にはなれなくても、どこもやってないという意味の日本一というものもあるはずです。考え方の切り口によって日本一はいくらでもありますが、この気持ちはこれから事業をする人にはとくに大事なことです。

実際、私は「この点については他の追随を許さない」という気持ちでやってきたから、ある意味においては、どの業界でもそれなりの成功をしたと自負しています。たとえば「私のお針箱」は、百貨店や量販店、スーパーや路面店でも店舗展開していますが、これも独特のやり方ですし、甲南チケットも今は店の規模では関西ではトップです。フランチャイズは別として、自己資本でやっているチケット商としては全国でも2位ぐらいの規模になっています。

そこで今、商売に対する自分の気持ちあるいはモチベーションは何なのか改めて考えてみると、甲南チケットの規模を何が何でも日本一にしようということではない。経営努力をしないということではなく、結果的に日本一になればいいというだけのことです。それよりも今の私には、より一段高い経営の近代化ということです。次の高い山を目指して登るということです。

未知の高い山にチャレンジする思いというのは、一言でいえばロマンです。商売や事業を経験したことのない人は、商売人や事業家が歳をとっても事業欲が旺盛なことを訝しく思うようです。「あれだけ金を残してまだ儲けるのは欲が深い」と。

そういう欲深な事業家もいないわけでもないけれど、多くの企業人は、事業を拡大することを目的化しているのです。つまり、まだ登っていない山を登りたいわけです。その山を登ったら、また次の目標が出てきて、また登ってみたくなる。これは体力的にも危険と分かっていても、自分でも呆れて

第4回NBKフェスタ

しまうほど命がけで挑戦したくなる。それが事業をする人の心情というものです。それをロマンと呼んでもいいし、達成感の誘惑といってもよいでしょう。達成した時の何ともいえない幸福感、それがすべてです。

事業に投資するということはリスクがつきものです。すでに悠々自適に暮らせるお金があるのに、あえてするのは、やはり事業の中にロマンがあるからです。その意味で事業家というのは、お金を儲ける名人じゃなくて、むしろお金を使う名人です。単なるお金儲けだったら、何もリスクのある事業をする必要がないし、安全で少しでも金利の高い資金運用だけを考えていればいいわけです。

私もたまにはある程度ご褒美はもらいますが、普段はますます質素倹約です。今さらお金を儲けて贅沢をしたいなどという気持ちはありません。それよりも経営の近代化というテーマに向けて、次の山に登っていきたいと思うばかりです。

M＆Aをする理由

この春（２００７年）、「甲南チケット」をM＆Aによってオリコグループに売却したが、M＆Aの話が来てから契約に至るまで1年かかった。買収する側は、M＆A対象企業のコンプライアンス（企業の法令遵守）、デューディリジェンス（企業価値の査定や法律に関わる資産についての調査）を徹底的に行うので、それぐらいの時間がかかるのだ。「甲南チケット」にも、弁護士や公認会計士、コンサルタントなどがのべ20人ほど訪ねてきて、業績や財務調査をしていった。

いくら業績や財務が良くても、コンプライアンスに問題があればＭ＆Ａは成立しない。もしＭ＆Ａをした後で、コンプライアンスに問題があったとなると、買収した側の企業が大きな社会的ダメージを被るからだ。だから、暴力団関係者が関係していたとか、過去に重大な法律違反をしていたことがわかると、Ｍ＆Ａの話は流れてしまう。

私は5年ほど前からＭ＆Ａの準備に入り、何十社と話し合っていた。業績がのぼり坂で企業価値のあるうちに、Ｍ＆Ａで売却するというのは、創業者利潤を得るという点で最高の方法である。その意味では、上場するのと変わらない。

もちろんＭ＆Ａの理由は、それだけではない。

資本と経営を分離するのが近代経営というものであり、会社は社会の公器である。その観点からして、「甲南チケット」ほどの規模になったら、いつまでも同族経営ではいけないと私はずっと考えていた。とかく日本の経営者（創業者）は同族経営に固執して、息子に継がせようとするが、そのために倒産の憂き目にあう企業がどれほど多いことか。

私は、世襲制そのものを否定はしない。歴史文化や伝統を守るひとつの方法として世襲も必要だろう。しかし世襲にこだわるあまり、百年一日のような経営感覚で潰れる老舗企業があまりにも多い。そんなことは、後継者となった息子の人生にとっても従業員にとっても不幸なことである。何のために事業をするのか、オーナー経営者はその辺のことをよくよく考える必要がある。

もう1つ大きな理由は、相続税の問題がある。親が突然亡くなり、子どもが会社の株を相続すると大変なことになりかねない。たとえば、創業時には数千万円だった株価が10億円に計算されたら、売るにも売れない株を相続した子どもは、その半分を税金として納めなくてはいけない。土地の資産にしても同様で、相続税のために兄弟争いが起こるという話は世間にざらにある。

創業者はこういうことを恐れて事業規模を縮小しようとするが、簡単にはいかない。従業員を解雇することも難しいし、経済的にも大損をする。だから縮小するくらいなら、早めに売却したほうがファミリーのためにも従業員のためにも幸せな結果になる。

とにかく、会社がある程度の規模になり、さらなる発展をさせるためには、上場するなりＭ＆Ａして、近代経営にもっていくべきだと私は思う。Ｍ＆Ａはまた、企業家がハッピーリタイアをする最高の方法でもあるけれど、私は体力気力のあるかぎり現役で事業を続けたい。それが私の生き甲斐であり、健康法でもあるからだ。

したがって今回のＭ＆Ａにしても、事業そのものからの撤退ではなく、次の事業展開をするためのスクラップ＆ビルドと考えている。Ｍ＆Ａで得た原資を次のビジネスモデルをつくるために生かしていくためである。

「本業はビジネスです」

「甲南グループの本業はなんですか？」

数年前、ある取材の折に、記者からそんな質問をされ、

「本業はビジネスです」

私は即座にそう答えた。

平成元年の第二創業以来、甲南グループの中核は「甲南チケット」であったことは事実だが、チケット販売が本業だと思ったことは一度もない。

「甲南チケット」の1号店を、阪急岡本の駅前に出店したのは平成元年。金券ショップはまだ世間の認知度が低く、海のものとも山のものとも知れない商売だった。これはいけると直感したから出店したわけだが、私の予想をはるかに上回る勢いで発展し、10年の間に業界大手となった。

このチケット販売というビジネスモデルを通じて、私は多くのことを体験し、教えられた。そのことはおいおい述べていくとして、ここで言っておきたいことは、すべての商売はビジネスモデルによって成り立つということ、そしてまた、時代に合わないビジネスモデルであれば、どんな商売もうまくいかないということである。

最近は、商品サイクルだけでなくビジネスモデルの寿命もどんどん短くなっている。同じ商売でも

時代のニーズに即応したビジネスモデルに変えていかないと、事業としての継続発展はのぞめない。その意味において、私の本業は「ビジネス全般」ということなのである。

具体的なテーマを掲げて事業転換

第一創業期は、1億円を突破したら2億、3億と、売上額のことばかり考えて商売をしていた。もちろん利益率を上げるために販売方法もいろいろ工夫したけれど、しょせんは「のれん商売」を脱皮できなかった。

この現状を打破するためには、いったんゼロにもどるしかないと、私は具体的な5つのテーマを掲げた。

一、のれん借り商売から自己ブランドの商品
二、足し算商売から掛け算商売
三、固定費商売から変動費商売
四、出稼ぎに行くような動の商売から、じっとしていてもお客に来ていただくような静の商売
五、汗をかく商売から情報社会に適応したような商売

とにかく「のれん」にぶらさがった商売をしている限り発展性はないと、百貨店から飛び出ることを大前提として、５つのテーマを具体的目標としたわけだ。何かを実現しようと思うときはただ頭で考えるのではなく、抽象的な目標や言葉ではなく、できるだけ具体的な言葉として紙に記してイメージを描くことが大切だ。私は手帳にもこの目標を記して、毎日眺めて心のうちで唱え、イメージを描き続けていた。

この５つのテーマは企業戦略そのものと言える。最近ではそれと同じ意味で、「ビジネスモデル」という言葉がさかんに使われるようになった。今から20年前の当時、その言葉を耳にしたことはなかったが、私はまさにビジネスモデルの変換をやろうとしていたのだ。

「のれん借り商売から自己ブランドの商品」

この１つのテーマにしてもまさにビジネスモデルの変換である。同様に、「足し算商売から掛け算商売」というのも、「固定費商売から変動費商売」というのも、そのテーマ自体がビジネスモデルの変換を意味する。

私は、新たなビジネスを考えるために、１～５の具体的目標を紙に記したわけだが、今思えば、その一つひとつがビジネスモデルの変換に値する大きなテーマだった。１つのテーマを実現するのも大変なことなのに、第二創業ではこの５つのテーマを同時に追求していたわけだ。

5つのビジネステーマを具体化した商売

チケット販売の商売を始めたいきさつについては、最初の著書『起業の鉄則』（本書の第3章）で詳しく触れているので省略するが、「はたして、こんな商売が成り立つものなのか」というのが、この商売の存在を初めて知ったときの感想だった。

それでも、とりあえずやってみようと思ったのは、大阪にあるチケット販売の店頭に並ぶ人の行列を見た瞬間だった。チケット販売の仕組みやノウハウなど何も知らないうちに、肚のなかで決意していた。直感、決意、行動、この3つが伴わないと新しいビジネスの道は開けない。

「これだ」と直感的に響いたら、私は即座に行動する。

唐木家具の販売を始めたときもそうだった。高級品の唐木家具を販売するには、何年もの経験が必要と言われながら、私は寝る間も惜しんで一週間でやったという自負がある。師匠に弟子入りするつもりで、その道のプロの人に誠意と熱意をもって教えを乞えば、応えてくれるものである。謙虚な姿勢で相手の懐に飛び込めば道は開ける。チケット業界に入るときも、太っ腹な同業先輩にノウハウの伝授を受けてスタートすることになった。

高級商品の唐木家具は購入層が限られているので、販売能力の優れた人を雇う必要があった。しかしありがたいことにチケットの場合、商品そのものに訴求力があり、「じっとしていてもお客から来て

著書出版パーティー　H15.10

くれて」、なおかつ「情報社会に適応したような商売」である。人の流れが多い好立地に店を出せば、宣伝もなにも必要なく売上は伸びて、チェーン展開（足し算商売から掛け算商売）ができる。

「甲南チケット」の店舗はすべて都心部の好立地にあるので、テナント料はかなり高いけれど、固定費は逆に下がってくる。なぜなら、好立地にある店舗は、立地の悪い店の何倍もの売上があり、また、この商売はパートの人でもできるので人件費を下げることができるからだ。つまり、「固定費商売から変動費商売」というテーマにおいても優れた商売だったのだ。

「甲南チケット」のビジネスモデルは、この5つのテーマを一つひとつ具体化することによってチェーン展開が可能になった。商売自体は単純であっても、商品管理や売上管理などは、単純明快かつ高度なシステムをつくっていったので多店舗展開ができたのだ。この業界は、システム化をしないために2、3店舗の家内経営にとどまっている企業がほとんどである。

私は、この新たなビジネスに進出することで改めて、経営のシステム化やビジネスモデル構築の重要さに目覚めたといえるかもしれない。

どんな商売でもビジネスモデルをしっかり確立しないことには、大きく成長させることはできない。ビジネスモデルを経営システムとして創り出すことが、成功の鍵なのだ。

初めての自社ブランドは「私のお針箱」

いまや「甲南チケット」は、高い信用力とブランド力をもっている。また、店舗はいずれも立地の良いところにあり、多くの人の目に触れている。そのせいか、初対面の人に名刺をお渡しすると、「ああ、あの甲南さんですか」といった返事がよく返ってくる。

だから私自身も「甲南チケットの小林です」と挨拶することが多いわけだが、実は、第二創業のとき最初に始めたのは、「私のお針箱」という洋服のリフォームショップである。初めての自社ブランドをもったのは、「私のお針箱」のほうが先だった。

年表にも示しているように、こちらは昭和61年に1号店を出し、3年後に「甲南チケット」を始めたときには、すでに10店舗ほど展開していた。

知人（株式会社ニュービジネス起業研究所の佐藤宏社長）からの情報で「洋服の修理業」という商

売があることを知ったとき、それほど時間もかけずに進出を決断したのは、先の5つの具体的テーマに合致すると考えたからだ。

すなわち、この商売の魅力は、「在庫ゼロで現金商売」というだけでなく、「前金で払ってもらえる」ということ。こんなありがたい商売など、めったにあるものではない。

しかしいくら魅力のある商売であっても、リスクのないビジネスは存在しない。とくにその第一走者というのは大きなリスクをともなう。その点、この商売は、優れた事業家が目をつけたビジネスモデルであり、資金もそれほど必要としない。第一走者が走りだしたばかりで、その二番手の走者になれる。この分野に進出した決め手は、自社ブランドをもつことができるというだけでなく、二番手の商売、すなわち5つのテーマに合ったビジネスモデルがある程度確立しているということである。

ところが、一番手のモデルを真似てつくった「私のお針箱」は、赤字状態が1年ほど続いた。人件費や家賃の固定費を支払ったらほとんど利益が残らない。1年目で4店舗を展開していたので、この状態のままでは、やればやるほど赤字になっていく。問題はわかっていた。大阪商人は「素人が玄人を雇うと潰される」とよく言う。私は、してはいけない鉄則を破っていたわけだ。

この問題解決のため、私は経営の仕組みそのものを変えることにした。雇用関係を止めて、素人と玄人の関係を、資本（素人）と経営（玄人）に分離した。つまり、店長を経営パートナーとした経営委託制度に変えたのだ。固定費経営から比例費経営への転換である。

同じ商売でありながら、経営システムを変えるということはまさにビジネスモデルの変換を意味する。この変換なくして「私のお針箱」の発展はなかったし、平成13年から始めた靴やかばんのリフォーム店「くっく・ばっく」の展開もありえなかっただろう。

健全経営と将来性の見込めるプロジェクト

一昨年（２００１年）、私は関西ニュービジネス協議会のメンバーとともにフランスの投資会社の視察に行きましたが、そのときの団長が島精機製作所の島正博社長でした。

和歌山にある島精機製作所は、自動編み機では世界のトップ企業で、全世界の60％のシェアを誇っています。この機械を使うと非常に生産性が上がるということで、ベネトンのニットでも1台１５００万円の機械を３５００台ほど稼動させているそうです。あのベネトンの工場機械の95％シェアを占めているというだけでも、ものすごく優秀な会社であることが分かります。

現在、和歌山市商工会議所の会頭でもある島社長は、機械修理工からの叩き上げの人ですが、今日の成功の元になった機械を開発するのに3千万円の借金をしたそうです。その借金の返済ができなくなり、とうとう専務が、「一緒に鉄道に飛び込んで保険金で返そう」と口走るところまで追い詰められた。そんなとき、クリスマスの日に１００万円貸そうという人が現れたそうです。

わずか１００万円でも、そのときは九死に一生の思いの金額だった。島社長はその恩人のためにも、

第35回商業界近畿ゼミナール　H16

借金を返す一心で、それから年末まで1週間ほどは一睡もしないで機械の開発に取り組んだ。そして、その年も暮れる31日にとうとう完成した。年が明けてさっそくその機械を市場に発表すると、予約が殺到し、その予約金だけで3千万円入ってきて、それまでの借金をゼロに持っていったということです。

このとき死に物狂いでやっていなかったら、今日の島精機製作所はなかったし、あるいは専務も島社長も自殺していたかもしれない。この話は、借金の怖さだけでなく、人間何ごとも死ぬ気でやれば成功するという実例です。

それにしても、借金はない方がいい。島社長が機械の開発に成功したのは、1週間一睡もしなかった情熱もさることながら、それまでの研究の蓄積があればこそです。どんなタフな人間でも、毎度毎度死ぬ思いにはなれないのだから、追い詰められるような借金などしない方がいいに決まっています。

借りた金を返すためには、少なくともその借金の倍は儲けないといけない。どうしても借金の必要があるときは、稼いで返せるという目処がついてから、その範囲内で借りるということです。無理な返済を重ねていると、わずかなことでもつまずいて、倒産に追い込まれます。

優良企業は自己資本で経営します。松下しかり、トヨタしかり、銀行を持てるぐらいの企業は全部借金を返済してしまう。成功した経営者は、財務改革するために徹底的に自己資本の比率を高めていく。また、そういう健全経営のところには自ずと金が集まるようになっています。

フランスでいろいろな投資会社の人に会い、「どういう基準で投資をするのか」と質問すると、その答えはやはり健全経営の一言でした。その会社が健全経営であることを確認しなければ投資はしない。資金力がなくても健全経営を維持して将来性の見込めるプロジェクトを抱えている会社には投資する。その会社に投資するというより、個々のプロジェクトごとに投資するという考え方です。そして、いくら儲かっている会社で返済能力があっても、そのプロジェクトで失敗した投資に対しては、返済しなくていいという仕組みです。

これからのファンドの考え方は、日本もそうなると思います。

どんなに素晴らしいプロジェクトを持っていても、経営体質が不健全な企業に投資は来ません。だからベンチャーで大事なことは、事業計画をしっかり立て、返済能力を示すということです。借金がかさみ従業員の給料も未払いになっているという経営状態では、その事業アイデアがどんなに優れていても投資の対象にならないわけです。

実業と虚業

会社を創業した多くのオーナー経営者にとって、大きな目的の一つは自分の会社を上場することです。それを望まない経営者も少なくありませんが、いずれにしても上場は、何十年も経営努力をしてきた創業者の誇れる勲章といってよいものです。

しかし最近、出来たてほやほやのベンチャー企業が、いきなり上場を狙うことがある種の流行のようになっている。上場して2、3年後にキャピタルゲインを得たら、その後のことはどうでもいいという発想で、ビジネスに対する考え方が本末転倒している。こうした考え方は間違っていると、私は思います。

一般投資家にしろエンジェルにしろ、人助けのために投資するわけではなく、投資先からどれだけの利潤を回収するかということです。上場の利益を期待して投資している。しかしだからといって投資を受ける側が、上場のためには手段を選ばないというのは事業とはいえない。それは虚業であり、極端にいえば一種の詐欺行為です。

一時期、上場の花形だったＩＴ関連がおかしくなったのは、その実態がキャピタルゲインねらいの

創業・起業セミナー

失敗しない起業の鉄則

主　催　東近江地域中小企業支援センター
後　援　近江八幡商工会議所

「起業の鉄則」とは
- ベンチャー事業はなぜ成功率が低いのか
- 「少年の夢と志」をおいかけて
- 「商人道」に生きる
- 近代経営をエンジェル
- ゼロからの商売実践で学ぶ
- 第二創業・商売変革への実践
- スクラップ&ビルド　18の法則
～人・モノ（立地）・金の活かし方～

小林社長があなたに
エールをおくる！

数々の事業を立ち上げた経験から、起業をめざす方、創業間もない方、異業種転換を考えている方に応援メッセージ

日　時　平成18年9月30日（土）
午後2時～4時
会　場　近江八幡商工会議所
講　師　（株）甲南チケット代表取締役
小林宏至氏
参加料　無　料（テキスト込み）
定　員　60名
申　込　下記参加申込書を9月14日までに送付（又はFAX）下さい。
申込先　東近江地域中小企業支援センター
〒525-0893
近江八幡市桜宮町231-2
近江八幡商工会議所内
TEL0748-31-3266
FAX0748-32-0765

～すべては「0」からの挑戦で学んだ～
小林宏至氏
1938年神戸市生まれ。大阪府立大卒業と同時に川崎航空機工業入社。65年に勤務しながら神戸大を卒業。73年川崎重工業を退社と同時にこうなん美術を創業。92年に甲南チケット私のお針箱等を立上げ、現在年商約100億円。甲南チケット、コーナンファースの代表取締役。若い起業家を育てるエンジェルの活動にも取り組み、「SOHOステーション」を開設。

※保育あり（事前にご相談ください）

※今回のセミナーでは、小林社長の著書「失敗しない起業の鉄則」を使用します。

FAXの場合は切らずにお送りください

創業・起業セミナー　参加申込書(2006.09.30)
東近江地域中小企業支援センター行

参加者名（年齢）	住　所	連絡先（TEL）
（　）		
（　）		

近江八幡商工会議所 講演パンフ　H18.9.30 68歳

虚業だったからと言われてもしかたがない。本業は赤字だったのに、投資家たちはITブームに乗ってどんどん投資した。一番高い時期に売り逃げて何百億とぼろ儲けする人がいる一方で、紙切れ同然になってしまった株を抱える大勢の人がいた。結局損をするのは一般投資家たちです。

そんなキャピタルゲインねらいの起業は相変わらず多いし、アメリカ式のドライな経営や企業買収という方法は今後さらに増えていくでしょう。それも時代の流れではあるけれど、もともと誰かが損をする仕組みになっている虚業的な商売は、一時的に儲けても、絶対長続きはしない。その店の商売を儲けさせようと思って来るお客なんて誰ひとりとしていません。むしろお客が得するような商売は間違いなく支持されます。商売で大きくなっている人はみなそれを実行しているからです。

世のため人のためになっている事業や商売には、一か八か、丁か半かといった賭博の要素はありえない。人が喜ぶ仕事、社会に役立つ仕事は、お客の方から来てくれます。そういう商売を堅実に遂行して、そこから得た利潤を求めるのが実業のあり方です。

私は流通の商売しか知りませんが、商売をして何が一番ありがたいかと言えば、シャッターを開けたらお客が来てくれるということです。これほどありがたいことはないし、商売をやっていて本当によかったと思うことです。そういう風に思える商売を見つけること、そしてその商売を心から好きになってやる。それが商人道の基本です。

前金で買ってくれるような商品を開発製造することも事業の方法です。大々的に宣伝して売るような商品（潜在的ニーズの商品）ではなく、前金を払ってもほしいと思えるようなニーズのある商品を発明する。それはまさしく、店のシャッターを開けたら、お客が列をつくってくれるのと同じです。私はエンジェルの１人として、その会社の仕事が世のためになり、お客が喜び得をする事業に投資したいと念願しています。

「企業は社会の公器」だからこそ

上場企業は証券取引法や株主法で、非常に厳しいディスクロージャーの責任を負っているから信用がある。会社自体に社会的な信用と責任があるから、その社長は個人保証しなくていい。だから上場の大企業の経営者は、「会社倒産の責任を取って辞めます」と言って簡単に辞めてしまう。そして、その陰にどれだけ中小企業が倒産して、どれだけ犠牲者が出たかということを知ろうともしない。自殺者、家族離散、自己破産など、たいへんな問題が起こっているのです。

しょせん雇われ社長だからと言われたらそれまでですが、あまりにも責任意識がなさすぎます。企業は社会の公器であるという自覚などまったくない。確かに、上場企業の経営者には個人責任は法的には派生しない。しかしそれをいいことに、「辞めます、はい、さいなら」というのでは、その犠牲者は浮かばれません。

実際、会社が大きければ大きいほど被害の影響も大きい。だから大企業の無責任な倒産は社会的犯罪といってもいいくらいです。そういう経営者は無期懲役ぐらいの法律を作ったらいいとさえ思います。それは無理としても、大企業の社長はそれぐらいの責任を取る覚悟の上でやらないといけないということです。

一方、オーナー経営者は、財産とか経済的な信用、あるいは個人的な信用で会社を経営しています。会社経営や財産を自分の身内に相続させることができる反面、会社が万一のときには全財産を売って弁済しなければいけない。個人企業はどこでも経営者の責任が問われ、新しい取引先と契約する前にも必ず相手企業からの信用調査を受けます。その企業の取引先、商品仕入れ、販売、提携先など、あらゆることを調査されます。

オーナー経営者個人に信用がなかったら一流企業と取引できないし、銀行も金を貸さないから、会社は大きくなれない。上場するにしても経営者に信用がなければ不可能です。だからなおさら非上場のオーナー経営者は、大企業の社長以上に、社会的な信用の重さ、責任の大きさも身にしみて痛感しています。

オーナー経営者の中には、信用もあり業績も優れていながら上場など眼中になく、身内に経営を委譲する人も少なくない。とくに日本の経営者は自分の息子に経営を譲ろうとしますが、経営能力がある人がやらなければ会社はすぐ潰れます。その後の経営がうまくいきさえすれば、それはそれでよいのですが、仮に自分の息子に経営能力がないと分かっていて会社を譲るとしたら、譲られる本人にとっても不幸なことだと思います。実際、世の中にはそうして倒産していった会社が数え切れない。だから経営交代というのは本当に難しい。オーナーの創業者が実力・信用ともにある場合はなおさらです。

私のこれからの課題は経営のさらなる近代化、つまり資本と経営を分離することです。企業が発展して高度化していった段階では、いつまでも同族経営ではいけないと思うからです。

自分の子どもに経営能力があって本人もそれを望むなら、後継者になったらいい。しかしその能力がないのなら無理して継ぐ必要はなく、経営から手を引いたオーナーになったらいい。そして株式を公開して上場する、というのが近代経営の本筋だと思います。

企業は個人経営から脱皮してよりいっそう公的な存在になります。また上場すれば優秀な人材も入ってくるので、そのときこそ正社員を募集したらいい、というのが私の持論です。

それほど遠くない将来、私も引退する時期を迎えますが、その前に、今までの延長線上ではないドラスティックな変化をおこさなければならないと自分に言い聞かせています。

ほんとうの事業家はマネーゲームに走らない

「経営の近代化というテーマに向けて、次の山に登っていきたい」

私は第二創業のときから常にそれを目標にしてきました。

経営の近代化ということは、経営と資本の分離ということであり、すなわち株式の上場が、私が目指す「次の山」ということでした。しかし結局、私はその山に登ることは止めました。上場への準備を始めてからいろいろ考えた末に、無理にする必要もないと結論づけたのです。

止めた理由はいくつかありますが、端的に言えば、「やはり自分が思うとおりに事業を続けていきたい」と考えたからです。

株式を上場するということは、証券取引法において株主保護という立場にたった体系になり、経営の方向性が株主の力によって影響をこうむるということです。経営者が50パーセントの株を持っていたにしても、オーナー経営者のようになかなか思うとおりにはできない。株主の顔色を伺いながら経営していかなくてはいけなくなるわけです。

上場する目的が一獲千金の金を得るためなら、それでもよいかもしれないけれど、私の場合はそうではない。自分の思い描く夢を実現するために事業をしてきたわけです。上場したらその夢が壊れてしまう。そう考えて、上場を取り止めたのです。

たしかに上場して大きなキャピタルゲインを手に入れるのは魅力があり、その誘惑にもかられますが、私は前著でこうも書いています。

「会社を創業した多くのオーナー経営者にとって、大きな目的の一つは自分の会社を上場することです。それを望まない経営者も少なくありませんが、いずれにしても上場は、何十年も経営努力をしてきた創業者の誇れる勲章といってよいものです。

しかし最近、出来たてほやほやのベンチャー企業が、いきなり上場を狙うことがある種の流行のようになっている。上場して2、3年後にキャピタルゲインを得たら、その後のことはどうでもいいという発想で、ビジネスに対する考え方が本末転倒している。こうした考え方は間違っていると、私は思います」

私の考え方は古臭いと言われるかもしれない。しかし私は、創業時から上場のキャピタルゲインを目的とするのは事業ではなく、マネーゲームでしかない虚業だと思います。

ただ金儲けだけが目的であるなら、ある程度の金を蓄えた時点で投資家に転身したらよいのです。マネーゲームに走るのはほんとうの事業家とは言えない。あくまでもビジネスを通じて自分の夢を実現しようとするのが事業家であり、事業を成功させていくプロセスそのものが事業家の自己表現であり喜びなのです。

善悪の判断はトップの責任

ここ数年、よく知られた大手雪印食品メーカーの偽装事件をきっかけに、経営者のモラルハザードが世間の厳しい批判の目を集めるようになってきました。企業は利益を追求することが目的ですが、そのためには手段を選ばずというやり方が許されるはずがありません。そういう企業は結局、社会的信用を失い、自らを倒産に追い込むだけです。

企業経営というのは、トップの判断によってすべて左右される。だから経営者の一番の仕事というのは、善悪の基準で判断をするということです。京セラの稲盛さんも言っているように、「モラルに恥じない正しいことをする」ことは経営者の素質として最も大事なことであり、「世のため人のために役立つ事業でなければ成功も発展もしない」のです。

商売人は損得ばかり考えている人種だと、一般世間には誤解している人が多いけれど、決してそうではない。むしろ儲かるとか儲からんとかいう世界で商売をする人は、大きな成功は望めない。またそういう考え方をする商売人は、利益至上主義で手段も選ばなくなり、いずれ虚業の世界に入っていく。そして少々やばいことでも平気でやるようになる。法律の裏をかいてうまくいったということで繰り返すようになる。その結果どうなるかは火を見るより明らかです。

同じ仕事をやっても栄える企業、栄えない企業の違いはどこにあるかといえば、善悪か損得かの違いです。経営者がしっかりと善悪の基準で判断し、客のため、世のため、人のためにと一生懸命やっているところは、必ず伸びていきます。ほんとに正しいことをやって、世のため人のために働く人だけが成功しています。

人の意見を聞かないと自分の方針を決められないような人は、経営者には向いていない。どんな苦しい時でも自分で決断できない経営者は失格です。判断基準を持たないから悩むわけで、根底に善悪基準の倫理観を持っていれば、決断できます。

たとえば目の前に危険な丸木橋があって、そこを渡るかどうか、それとも迂回すべきか、会社にとって従業員にとってどちらの選択がよいのか、常にトップは判断しなければならない。その判断をする時に、ひとつの基準がないと迷うし、その判断についていく従業員も困惑してしまう。「うちの社長はまったく気紛れだ」ということになって、会社全体の士気が落ちてしまう。

「うちにとっては非常に損やけど、やっぱり正しい方法を選ぼう。この損失はみなで頑張ってとりもどすことができる」

そう言って社長自ら判断すれば、従業員も納得するし、会社全体のモラルが向上して、顧客からの信用も何倍になって返ってくる。ところが、「ちょっとやばい方法だが、顧客にはばれないだろう」というよう

NBKフェスタ　2018.11.19

に目先の損得で下した判断は、結果的には一番大切な信用を失うことになる。

「信用第一」という言葉は、どの企業経営者も口にしますが、いざ自分の会社が損をするという状況になると、それを忘れて得することばかり考えてしまう。このような会社は必ず滅びます。

いつも損得感情で動く人は、人から信用されない。だから情報も人も金も寄ってこなくなる。

「儲け話を持ってきたけど、あいつはいつも打算で動くから信用できん」となるわけです。

善悪で判断した結果、その時は大損するかもしれないが、いつかは何倍かで返ってくる。「あの人がやっていることは間違いない」という評判は自然に広まるもので、銀行に金を借りるときでもそれが大きな担保になる。そういう姿勢でいった企業だけが伸びているのです。セラミックの小さなメーカーだった京セラがあれだけの大企業になったのは、やはり創業者・稲盛さんの人格が高かったからだと思います。人徳がないとあそこまで飛躍できません。

だから自分に人徳がないと思ったら、事業をする前に、よくよくそのことを考えないといけない。金儲けを考える前に、どうしたら人徳を得ることができるのか、徳のある先輩たちを謙虚に見習って「徳を積み上げていく」という気持ちこそが大事です。

信用連鎖で成り立つ本当の商売

一つの山を登るのに、いろいろなルートがある。頂上に近いルートは険しく落石の危険もあるが、遠回りしたら登りやすく安全なルートがあったりする。また安全なルートだと言われて登ったけれど、景色に見とれて横道に入り、思わぬ危険に遭遇したりもする。

誰しも起業するからには、それぞれが目標とする頂上を目指します。ところが起業のときからルートを間違ったり、誘惑にかられて横道にそれたり、近道ルートを選んだばかりに失敗したりします。

スモールビジネスが軌道に乗って、ある程度の資金もできた。さあ、これから人材を集めて組織づくりをしようというとき、「これは儲かりますよ」という、新商売の誘いがあったとします。

そのとき、「資金の余裕があるし、それぐらいの金なら」と、サイドビジネス感覚で寄り道する人も少なくない。最初のうちは儲けさせてくれるので、しだいに欲が出て、本業を忘れてそのビジネスに夢中になる。当然、本業の拡張どころではなくなり、起業したときに目指した山頂に辿り着くことはできません。

実は、そう言う私も、商売を始めて10年ほどたった頃、それに近いことを体験しています。そのシステム販売のビジネスではそれなりに儲けさせてもらったし、ある意味で大変勉強にもなりました。しかしやはり、本当の商売の原点に立ち返ると、このまま続けていては自分自身がだめになると反省し、そのビジネスからあっさり撤退したのです。

生産者も商売人もうるおい、その商品を買って喜ぶ消費者たちがいる。そういう商売に信用が生まれ、「信用の連鎖」というものが形成されていくわけです。

ところが、いわゆるシステム販売というのは、ピラミッド体系の上にいるほど儲かる仕組で、その底辺にいる人たちは損するようになっている。誰かが損をしても、自分さえ儲かったらいいという商売はやってはいけないのです。

あるビジネスが存在することで、世のため人の役に立っている、というのが本当の商売です。社会に貢献するモノやサービスが商売。ということは、やっぱりその職業があることによって社会が豊かになる、みんなが文化的な生活ができる、楽しい生活ができる、というようなモノとかサービスを提供することが、本当の商売であり事業なのです。

本当の商売はそれに関わる人々の「信用の連鎖」で成り立っています。取引先の信用、顧客の信用、銀行の信用、世間の信用などが連鎖してつながっているのです。

だから、事業を伸ばそうとするなら、「信用の連鎖」を築いていける本当の商売をすることです。その事業が、シルクロードのように険しい道であったとしても、結果的には、目指す山頂に辿り着く早道なのです。

信用ひとつで得たビジネスモデル

不動産の資産運用をおこなう「甲南アセット」を設立したのは２００４年。

「このビジネスは社会的に大きな意義があり、誰かがやらなくてはならない。タイミングとしても今しかない。銀行の信用もある小林さんならできるし、やるべきだ」

ある大先輩から、そのような強い勧めがあって設立に至った。確かに、誰かがやらなくてはならないことだったが、自分にそのお鉢が回ってくるとは思ってもみなかった。しかしせっかくのチャンス。少し大袈裟に言えば「これは天の声」と思い、ためらいや迷いもなく、使命感をもって参入に踏み切った。

このビジネスモデルは、次のような社会的・経済的な背景と要望があって成り立つものだった。

バブル崩壊以降、企業の倒産が相次ぎ、銀行は融資する企業が激減したため、資金がだぶついていた。しかも倒産企業の担保物件である不動産は暴落し、長引くデフレ不況でその売り先も見つからない。ほとんどの銀行が金余りと不良資産（不動産ビル）の二重苦に陥っていた。

銀行は資金を貸してその利子で成り立つ商売だから、融資先が減るということは、預かったお金の使い道がないということになる。銀行の利子収入が減れば、預金者に支払う金利も下げるしかない。とうとうゼロ金利に近いところまで来てしまい、預金者には雀の涙ほどしか金利が入らなくなった。そのため一般消費も企業投資も減る一方で、ますます倒産企業の数が増え、ついに銀行まで倒産する時代になってしまった。

人の健康は正常な血液循環によって保たれている。同じように、世の中にお金が回ることで経済は活性化するわけで、日本経済全体にお金が回らなくなる状態は、いわば血流の滞った脳いっ血寸前の危機だった。

銀行の倒産が続くと社会的な影響があまりにも大きいというので、政府は銀行再建のために公的資金の投入に踏み切り、銀行の不良資産の整理回収機構（ＲＣＣ）を発足させた。そして銀行が抱え込んだ不良債権・資産の整理をしながら、自己資本率を高めてより強い経営体質にするため、銀行の大型合併も促進していったわけだ。

一般企業は倒産しても政府の救済支援がないのに、なぜ銀行だけに公的資金（税金）を出すのかと、国民の間に多くの批判もあった。だから、銀行としてはとにかく1日も早く担保価値がなくなった不動産を市場に放出して、経営を立て直す必要があった。しかしデフレ不況が続いているため、不良資産化した不動産を競売に出してもなかなか売れない。そこで銀行は不動産を買ってくれるところに、そのための融資もしましょうということになった。銀行は不良資産を安く手放す代わりに、融資をすることによって金利の利益を得るという仕組みである。

誰かがそれを引き受けなくてはならないわけだが、一物件に何億円という資金が動くので、誰もが出来るというビジネスではない。第一に、銀行の信用がなければ、とうてい出来ない。第二は、プロパティマネジメントの能力があるかどうかというのも問われてくる。

幸いにも私はその2つともクリアしていたので、このビジネスモデルの推進役の一人として銀行の信頼を得ることができたのだった。

「1千万円を持っていても、信用がなければ1千万円の値打ちしかない。しかし信用さえあれば、金はなくても何千万円も動かすことができる」

商売の世界に飛び込んだ頃、先輩によくそんなことを言われていたが、信用というものはありがたいものだと改めて痛感した。そしてまた改めて、ビジネスを通じて世のため人のため（社会全体）にお金を循環させることが、企業家としての役割と使命であるということを再認識させられたのである。

「失敗はすべて自分の責任、成功はみんなの協力のおかげだ」

時代や社会の変化があまりにも早く、ビジネスモデルの寿命がどんどん短くなり、企業の平均寿命さえ「企業十年説」と言われるぐらいになった。ひと昔は「三十年説」だったのだから、経営者のかじ取りはますます難しくなっている。しかし景気の変動や競争という波にもまれながら航海をつづけるのが会社経営というものだ。

船長（経営者）の判断が誤れば、船が岩に座礁したり沈没することもある。悪天候のとき船を港に避難させなかった船長は最後まで責任をとらなければならない。不景気を言い訳にしたり、部下の不始末のせいにしてはいけない。すべては船長の責任である。

責任の重さから、経営者は孤独になりがちだ。だから経営者のなかには占いに頼ったり、拝み屋さんのような人のお告げで判断する人もいる。気持は分からなくもないが、それは一つの参考意見としておくべきだ。決断するときはタイミングというものがある。決断しないということも一つの意思表示だが、経営者がいつまでも中途半端な態度を続けていると社員たちが戸惑ってしまう。トップは常に明確な意志表示をしなくてはいけない。

決定したことはすべて自己責任として総括しないと社員からの信頼が薄れ、結果的に会社全体の士気を落としてしまうことになる。経営者は社内の士気、やる気、元気を醸成していかなくてはいけない。

そのためにも、「失敗はすべて自分の責任であり、成功はみんなの協力のおかげだ」ということを、常日頃から態度で示す必要がある。

何ごとにも感謝の思いで取り組む

近年、「もったいない」という日本語が世界中で見直されている。そのきっかけは、ワンガリ・マータイという女性が、訪日したときに「もったいない」という言葉を知ったことに始まるという。この日本語に「自然や物に対する敬意、愛などの意思」が込められていることを知った彼女は、外国語には該当する言葉が見当たらないというので、『MOTTAINAI』を世界共通の言葉として広めていくことになった。ケニア出身の環境保護活動家である彼女は、環境分野で初めてノーベル平和賞を受賞（２００４年）しているだけにその影響力は大きかった。

本家本元の日本で「もったいない精神」が浸透しているかどうかは疑問だが、何はともあれ、こういう運動が広まることはいいことだ。

私は昔から質素倹約を公私ともに徹底してきた。たとえば「甲南チケット」の店造りで、店舗に必要な備品のほとんどは中古品を安く買って揃えてきた。社内向けの資料には裏紙を使い、トイレの電気を付けっぱなしにしない、余分な長電話をしない。

紙一枚を節約したからといって経営には何の影響もないけれど、その精神が大事なのだ。小さなムダを平気でやっていると、大きなムダにも気付かなくなる。質素倹約ができない経営者は、モノを大事にしない＝金銭感覚がない＝感謝の念が薄い、ということでもある。

起業家を志す学生らを前に　グランフロント大阪　R1.5.9

社会の公器（会社）を預かる経営者として「こんなことをしたら申し訳ない」という謙虚な思いや、「ありがたい」という感謝の思いがあるなら、質素倹約は当然のこと。それはケチケチ精神ではなく、まさに「もったいない精神」の現れである。

何ごとにも感謝の思いで取り組む経営者は、良い人材や好運を呼び寄せる。

自分がこの世に生まれ、生かされていることの感謝の思い。ふつうの人間であれば誰しもが抱いている自然な感情だろう。その思いを経営に生かさなくてはいけない。

私の周りを見回しても、何ごとにも感謝の思いで取り組む経営者は、良い人材や好運を呼び寄せ、事業を大きく成長させている。類は友を呼び、良き人脈を広げる。逆に、感謝の思いや謙虚さのない経営者は、儲かっているうちは人が寄ってきても、いったん躓くと社員に裏切られたり、取り引き先から見向きもされなくなったりする。

私の父親は、いわゆる株の相場師だった。株屋というのは、いい時もあれば、悪いときもある。相場で失敗して一家離散という現実も珍しくない。私はそういう世界に生きる親の後ろ姿を見ているから、いまも博打的な世界は嫌いだし興味も湧かない。ただし、他人から給料をもらわずに生きてきた一匹狼の父親の血を、半分は受け継いでいるのも確かである。

私の家は貧乏で、両親はともに学歴がなかった。とくに母親には学歴コンプレックスが強かったので、長男の私に将来を託したかったのだろう。教育熱心な母親のプレッシャーのおかげで難関と言われた灘中に入り、「社長さんになる」という私の単純な夢が膨らんでいった。

私には一生を左右するほど影響をうけた師はいないが、「起業するからには堅実な事業をしよう」という思いは、反面教師の父から教わった。そして母から教えられたのは、若いときは勉強一筋にということである。その意味で両親は私の師であり、何よりも先ず、自分を生んでくれたことに感謝している。

第6章

第三創業「甲南アセット」、そして今

バブル経済の崩壊後、銀行は不良債権や不良資産を大量に抱えこんでしまった。その上、デフレ経済が長引いたために、担保として取った土地やビルの価格がどんどん低下し、売るにも売れない状況だった。

追い打ちをかけるように阪神淡路大震災（１９９５年）が起こった。私の住まいも全壊の被害をこうむった。

その当時はまだ第二創業の「甲南チケット」が順調に伸びていたこともあり、第三創業のことまでは思いたらなかった。しかし、生涯現役でいく以上、第三創業に向かうのは必然だった。当時盛んになりつつあった不動産再生ビジネスは社会的要請でもあり、少し大げさに言えば「これは天の声」との使命感もあった。

２００４年、「甲南アセット」を設立したとき私は68歳だった。

それから16年経った今、この業界の中で甲南アセットの名は全国的に知られるようになっているが、私の中では「百段の階段」のようやく七段目に来た、というところだろうか……。昨年（２０１９年）設立した、コーナン財団のアワード（第1回ビジネスモデル・コンテスト）も始まったばかりである。

信用と人との出会いでビジネスチャンスも生まれる

私が第三創業に至ったのは、自分自身の思いがあったからには違いないのですが、それだけではありません。序章にも書いたように、人との良きご縁があって、私を後押してくれたことが大きなエネルギーになっています。

よきご縁は、信用というものがあって生まれます。

第二作目の『商人道に学ぶビジネスの鉄則』に、こう記しています。

「資金のなさを心配するな、信用の足りないことを心配せよ」

事業の神様と言われた松下幸之助の言葉である。

これと同様のことを、商売を始めて間もない頃お世話になった社長さんから言われた。

「小林さん、金、金、言うたらいかんよ。あんたがもし1千万円を持っていても、信用なかったら1千万円しか使われへんで。信用があったら2千万、3千万円でも金が動きますよ」

当時の私は資金も人も倉庫もなかったが、何千万円もする高級な唐木家具を委託で商売することができた。在庫ゼロの商売、まさに信用の賜物という他にない。

私はその社長の言葉を肝に銘じてやってきたつもりだが、銀行をはじめ周りの多くの人から確固たる信用を築き上げるには相当時間がかかる。

その信用を築く基本は何かといえば、損得よりも善悪で判断して行動することである。

「金は天下の回りもの」と言われるが、信用のない人からは天下の金は逃げていく。信用さえあれば、思わぬ人との出会いからビジネスチャンスが生まれ、その結果として天下の金も回ってくるのである。

人間社会においてはどんな分野でも、信用というものはお金に代えがたいほど貴重なものであり、また同時にお金に換算するとたいへんな金額にもなるわけです。この真理が解らない人は会社経営をやらないほうが無難です。自分だけでなく周りの多くに迷惑を及ぼすからです。

信用があるから人との縁が生まれ、そこから新たなビジネスチャンスも生まれるのです。第三創業に入ってから、信用力のありがたさというものを、私はこれまで以上に痛感したのでした。

「誰かがやらなくてはならない、小林さんならできる」

欧米社会では、起業家も勤め人も現役を引退後は、趣味や旅行などを楽しみながら悠々自適な生活をするのが理想のようです。ところが、「甲南チケット」のＭ＆Ａの交渉で3年程経過する間に第三創業への思いが次第に強くなってきました。

ＪＲ神戸駅前、湊川神社の門前の向かいにある中古ビルを購入したのは２００３年でした。私の不動産業の師ともいえる神戸住宅センターの佐藤起一氏から指導を受け、ファースビルと名付け、本社をそこに移しました。

正式に甲南アセットを設立したのは1年後のことです。ただし、甲南チケットをＭ＆Ａで売却する

２００７年までの間は、甲南アセットは潜伏期間という位置づけでした。言い換えるなら、確たるビジネスモデルを構築する私自身の模索期間とも言えます。

「確実なキャッシュフローのあてもないのに、銀行から借金するから、ほとんどのベンチャーは失敗におわる。起業するときはゼロからのスタートが一番。ゼロというのは身の丈の範囲ですることです。どうしても借金する必要が生じたときは、売上見込みではなく、確かなキャッシュフローの見込みに応じて返済計画を立てなければいけない」

私は主宰する起業塾や講演などで、口をすっぱくしてこのことを言い続けてきました。にもかかわらず、第三創業では膨大な借金をするビジネスに参入したのです。実は、この借金というのは、「資産価値」のあるもので、一般的な意味でも借金ではないのです。そのことを知らないで銀行返済の金額だけを聞くと、大方の人はびっくりしてしまいます。

「このビジネスは社会的に大きな意義があり、誰かがやらなくてはならない。タイミングとしても今しかない。銀行の信用もある小林さんならできるし、やるべきだ」

ある大先輩から強い勧めがあったこともあり、少し大袈裟に言えば「これは天の声」と使命感をもって参入に踏み切ったのです。ちょうどその頃「不動産の今太閤になる」と大きな夢を語っている知人に刺激を受けたこともあり、私も始めた以上は彼に負けぬよう生涯現役で行こうと肝に銘じました（残念ながら、今太閤を語った知人は間もなくこの仕事から撤退してしまいましたが）。

本社を移したファースビルでは、ベンチャー企業家たちのインキュベーションのためＳＯＨＯの部屋を作ったり、起業塾を開いたりしてビルを活性化し、入居率を上げていった。空室が40％もあって買い手のなかったこのビルが、２年ほどして満室になりました。ビルのアセット（財産、所有物）を高めて収益を増やすというビジネスモデルです。

このビジネスモデル自体はシンプルなのですが、購入した雑居オフィスビルやレジデンスの管理運営において、いろいろと問題が多いことがわかってきました。第三創業して５年程は、さまざまな問題に頭を悩まされました。

１９９０年のバブル崩壊後、不動産の価値は急落し、大量の不良債権が発生していました。のちに「失われた10年、20年」と言われたように、不況と低金利、デフレ時代が長引いたことによって、銀行は有利な投資先を見つけるのも困難になっていたからです。

膨大な年金や投資家の資金がだぶつき、銀行も有望な融資先がみつからない。そんな状況が長く続いていたため、１９９７年に法改正がありました。不動産への投資を促す法律で、不動産の証券化（ファンド投資）がしやすくなっていたわけです。ビジネスには常に潮時がありますが、この法改正は不動産再生ビジネスを後押しするものでした。しかし、どんな不動産を所有するかどうか、そこが一番肝心なのです。

シンプル・イズ・ベスト

不動産の家賃収入を資産として運用する不動産再生ビジネスで、甲南アセットが不動産の斡旋業者になったわけではないので、不動産業者の免許を持つ必要もありません。強いて言うなら、このビジネスはある意味で情報産業と言ってもよいものです。信用と実績のあるところに、有益な情報が寄せられてくるからです。このことが私の中で腑に落ちてから、甲南アセット独自のビジネスモデルが出来上がったと思います。そこに至るまで、およそ10年かかりました。

日本は昔から土地に大きな資産価値があり、大地主はお金持ちと相場が決まっていました。しかし土地を有効活用しなければお金を生みだしません。そこで都市部ではさかんにオフィスビルやマンションが建設され、その土地が一等地であれば建物価値がいっそう高まっていきます。東京はあまりにも流動が激しい市場なので、よほどプロの知識やノウハウがないと手が出せません。にもかかわらず、自分では素人とわかっていても不動産投資に目がくらむ人が多いのです。

近年、不動産投資は老後設計の一つとして一般のサラリーマンや年金暮らしの人達にも老後の資産運用としてさかんに投資が呼び掛けられています。ビジネスの素人が、業者や銀行の言われるままを信じて投資します。最初の１、２年はたしかに家賃収入がありますが、そういう物件が次々と建てられていくために、部屋の入居率はどんどん下がっていきます。こうして、不動産投資で泣きをみる人たちが増え続け、いまや大きな社会問題にもなっています。

甲南アセットのビジネスも、物件の家賃収入を「収益」として運用するという点ではカタチは同じです。しかし決定的に違うのは、確実なキャッシュフローを得るノウハウの元に、物件もこの目で確かめて取得するということです。購入の時点で物件のテナントの入居率が高くても、周りの環境、これからの変化なども見極めた上でマイナス要素が見つかれば当然、取得することはありません。優良物件に対する目利きや情報の分析も含めて、アセット（財産、所有物）マネジメントというのは、高度に洗練されたビジネス・スキルなのです。しかもビジネスモデルとしてはシンプルであり、私が常に求めていたものでした。

しかし先に述べたように、同じ不動産物件でも商業ビル・雑居オフィスビルやレジデンスというのは何かと問題が多いのです。たとえばレジデンスの場合、個人入居者との思わぬトラブルが生じたりして、管理運営に費用と手間がかかり、商業ビル・雑居オフィスビルの場合でも家賃の未払いや空き室率が上って収益が不安定だったりします。アセット・マネジメントどころではないわけです。つまらないトラブルに巻き込まれるのは精神衛生上もよくありません。そこで私は、甲南アセットのビジネスモデルを確かなものとするために、商業ビル・雑居オフィスビルやレジデンスは売却していくことにしました。

昔、シンプル・イズ・ベストという言葉が何かのコマーシャルで流行ったことを覚えていますが、優れたビジネスモデルの条件はシンプルであるということです。そこに蓄積したノウハウ（鉄則）をつぎ込んでいくのがキャッシュフロー経営の醍醐味です。私が目指した不動産再生ビジネスもそうしたものでした。

不動産神話とは縁のないビジネスモデルを構築

山国で海洋国でもある日本は、お金持ちは大地主でもあるということからか、昔から土地神話があります。バブル経済まっ只中のときには不動産が急騰したことを記憶する人も少なくないでしょう。しかし現代は、大きな土地を持っているというだけで有効活用できなければ負の資産になったりします。

近年は、一般の会社が事業継承のため、あるいは節税対策や株価対策、相続税対策などのために不動産業者から不動産取得をすすめられたりします。そういう会社は収益を目的としないので、相続が終わったら機をみて不動産を転売したりします。

「不動産は値上がりしますよ」ということで、業者は企業以外の一般の人にもすすめたりしますが、そういう不動産神話はもう過去のことです。もちろん中には値上がりするものはあっても、過当競争の首都圏ではとくに物件の値下がりの危険性のほうが高いわけです。いずれにしても甲南アセットのビジネスモデルは右のような不動産神話とは無縁のもので、取得するオフィスビルはあくまでも「テナント」の収益を運用していくものです。第三創業をした当初は、まだ当社の知名度もなかったので、さまざまな職種が入居した雑居ビル、どういう入居者なのかわかりにくいマンションなど購入しましたが、やがてこうしたビルを所有することの危険性に気づきました。

かつてマンションに入居するときには敷金が必要でしたが、マンションの乱立もあって、敷金ゼロでも入居できる時代になっています。そうしたレジデンスマンションの入居者は気ままに引っ越したりもするので、空室率が高まります。商業ビル・雑居オフィスビルにしても同様なことが起きているので、当社が目指すビジネスモデルの対象にはならないわけです。

そのことに早く気付いたことは幸いでした。当社は不動産の売買が目的ではありませんが、ビジネスモデルにそぐわない雑居ビルやマンションは早めに売却していったのです。そういうビルは、購入時よりも空室率を下げる努力をしていたので、売却時のキャピタルゲインが出ました。それをキャッシュフロー資金としてストックしながら、私が目指すところのビジネスモデルを構築していったのです。

こうして現在のように上場企業がテナントそして入居するオフィスビルが増えていきました。そして実績を重ねるにつれ、有望なオフィスビルの情報が毎日のように送られてくるようになりました。つまり甲南アセットは、一流企業の入居するビルを多数所有する企業として、全国の有名ビルの入札にエントリーする資格が与えられたということです。

商売人にとって何より大事なものは、その人物の信用である、ということは創業時代から痛感してきたことですが、その信用を裏付けるのは実績です。甲南アセットがこれらの入札業者として認められたということは、信用を裏付けるビジネスモデルを構築して実績を重ねていたからです。ここまで来るのにざっと10年はかかっています。

不動産ビジネスという情報産業

経営の近代化、すなわち「資本と経営の分離」は、私のテーマであることに変わりはありません。そのよい実例の一つが、数年で急成長していたった不動産再生事業でした。

このビジネスの手法は、企業再生・売買の投機がさかんなアメリカから伝わったものです。企業再生を目的としたファンドのことを「再生ファンド」（または、企業再生ファンド）と呼んでおり、日本も欧米企業の刺激もあってこれがさかんになっています。

投資ファンドのうち、不動産投資に特化したのが、いわゆるリート（Real Eatate Investmen Trust）と呼ばれる不動産投資信託であり、一般公募のファンド資金を実際に運用して収益を上げていくわけです。

甲南アセットを創業してからは、学生時代にもどったように、こうした勉強もしてきました。勉強することが多くて、実に新鮮でした。

この業界には、全国の不動産物件の情報を網羅した『ビル経営』（株式会社ビル経営研究所発行）というタブロイド判の新聞があり、毎週発行で平均70ページにも及びます。また同研究所では『不動産ソリューション』という雑誌も発行しています。その他にも、「全国主要都市　マーケット・レポート」など、不動産物件の情報が溢れており、いかに大きなマーケットであるかがわかります。先に述べたように、不動産ビジネスはまさに情報産業とも言えるわけです。不動産投資は老後設計の一つだという安易な気持ちで素人の人が参入できる業界ではないのです。なぜなら、このビジネスモデルはシンプルであっても、情報収集やその分析という点ではかなり高度な知識とノウハウが求められるからです。

オフィスビルの価値はテナントで決まります。しかし資産価値の高い不動産物件を所有（購入）するためには信用力と実績が求められます。またそれを買う側からすれば、目利きになることが決断の第一条件となりますが、決断できるのは、キャッシュフロー経営の羅針盤があればこそです。

たとえ優良物件を所有したとしても、確固とした経営の羅針盤とともにマネジメントの手法がなければ、１００ある収益が90にも80にも下がります。私がここで言う羅針盤とは、第二創業の甲南チケットで作り上げた独自の「管理会計」です。これを不動産再生ビジネス向けに改良してキャッシュフロー経営の中心に据えたわけです。

甲南アセットの経営においても管理会計をマネジメントの手法として活用することで、業界内の信用力は高まり、有益な物件情報がもたらされるようになりました。ここまで至るのに足掛け十年かかったと先に述べましたが、キャッシュフロー経営という観点から言うならば、第二創業と第三創業は、業種は全く異なっていても一つにつながっている、と言えるでしょう。

全国ブランドの確立

第二創業のときに私が強く意識したことは「自社のブランド」を持つということでした。まだ商売のイロハも知らなかった第一創業のときは、デパートの軒下（信用）を借りるような小売商売だったことから、そこから何とか脱皮するには、自社ブランドを確立するしかないと強く決意したのです。決意とは、意思の方向を決めるということです。そしてその方向に向かって努力することで道は拓けてきます。方向を決めたが拓けないというのは、まだ意思の力が足りないということです。

第三創業をしたからには、「甲南アセット」のブランド力を強めないといけないと、私は第一創業時の初心にもどって念じていました。

とはいえ、この業界では甲南アセットは無名の新人です。そんなところに一流どころの優良物件の情報はもたらされません。ですから甲南アセットとしては、すでに過当競争になっていた東京や大都市の市場は避けて、地元の神戸や大阪を中心に目を向け、持ち込まれた不動産物件を購入していったのです。目標の入居率が90％を見込める好立地の不動産ビルを買うことを前提に、5年の間に20棟のビルを所有していました。

ところが先に述べたように、入居者のよくわからない商業ビル・雑居ビルやレジデンスは何かと問題が生じて管理運営に手間暇と費用がかかるということに気づき、甲南アセットが目指す方向ではないと大きく舵を切ったわけです。

そして、ブランド力を高めていく大事なポイントは、

①地方都市でも県庁所在地のある一等地のビル
②上場企業ばかり入居しているビル

単純明快、この2点に尽きると考えました。

この15年間を振り返ると、北は青森市から南は鹿児島市まで、55棟のビルを取得しています。そのうち24棟は随時売却して、現在所有しているのは全国の県庁所在にある、一部上場企業が入居する優良ビルが大半です。したがって顔の見えない入居者はおらず、管理運営上のトラブルもありません。

というのも、このようなオフィスビルは首都圏が本社の大手不動産会社が保有・管理しているので、ビルのメンテナンスが行き届いており、築年数が経過していてもビルの設備やスペックが良質のまま維持されているからです。しかも地方都市の官公庁やオフィス街、駅前の一等地に立地しているビルがほとんどなので、東京都内の物件と同等かそれ以上の価値があります。

全国の地方都市に優良物件を求めるという当社独自の戦略とノウハウを展開したことで、知名度・信用力は上がり、甲南アセットのブランド力も確立したのです。

ブランドが確立するとノウハウの面においても好循環が起きてきます。それを要約すると次の3点です。

①全国ブランドの不動産情報取得のノウハウ
②都銀・地銀・信金の15行による融資、資金関連ノウハウ
③優良物件の取得

これらの好循環により、担保価値、安定したキャッシュフロー、財務の安定性（借入金の20％の余裕現金保有）を得ることになります。

ビルのメンテナンスにはかなりコストがかかるものですが、その点においても好循環が出てきます。全国規模でビルを保有しているので、全国規模でビル管理ができる業者と提携し、メンテナンスに数値基準以上のコストがかからない仕組みが構築できています。さらに無人でビル管理・警備ができるシステムの導入にも取り組んでいます。

今後どのように業界の市場が変化していくのか予測できませんが、たとえ大きな変化があったとし

てもコンプライアンスを守り、キャッシュフロー経営の羅針盤があれば方向を見失うことはありません。

一人の人間としてのテーマ

もうかれこれ5年ほど前のことですが、甲南アセットの後継者問題に頭を悩ませた時期がありました。私は、次男を後継者にと思っていたのに、彼に拒絶されたからです。

次男は、自分で興したマンションリフォームの会社（甲南エステート）のほかに、「私のお針箱」をチェーン展開するコーナンファースを経営しています。どちらも業績は順調で、多忙な毎日です。彼にしたら、現業を伸ばすことが第一であり、これ以上時間を取られたくないとの思いがあったのでしょう。

長男のほうは、登山家を目指して彼は彼なりの人生を歩んでいます。私としては息子たちの人生を尊重したいので、無理に後継してもらわなくてもよいかと、半ば諦めかけていました。そして体調管理のためにドッグ入りしたときも会社をどのように整理するかを考えながら続けていたのです。そんなある日、私が引退する時は「継いでもいい」という次男の意志が確認できました。2年ほど前のことです。

実は、次男が後継を拒んだ理由は、私が現役でがんばっている限り、できるだけ長く続けてほしいとの思いがあったからだというのです。私はホッとすると同時に、孝行息子に胸のうちで感謝しました。

　甲南アセットのビジネスモデルは、ものすごくシンプルに作られていますから、誰でもとは言いませんが、次男の能力なら安心して任せられます。大事なのは、経営能力だけではなく、甲南アセットのブランド力をいかに守り、さらにそれを高めていくかです。

　ブランド力を言い換えると、社会的な信用力というコンプライアンスです。この点は後継者になる次男も、自ら起業して実業の厳しさを経験して十分認識しているはずですから、私としてはひと安心です。

　コンプライアンスの欠けた会社（経営者）には融資もつきませんし、有力なビジネス情報はもたらせられません。人との良き縁も生まれません。近年、一部上場の大手企業が社会的信用を失うような様々な不祥事を起こしていますが、それでも会社がつぶれないのは、サラリーマン社長の首をすげかえることで済まされるからです。

　しかしオーナー企業、中小企業においてはそうはいきません。現在のようなネット社会においては、悪い風評はあっと言う間に広がります。川の堤防が小さな穴から崩れるようなものです。

　これまで起業（企業）の鉄則をあれこれ述べてきましたが、会社のコンプライアンスは経営者の人間力そのものにかかっているのです。事業を成功させようと思うなら、経営のノウハウだけでなく、正しい商人道を身につけて人間力を磨いていかなくてはいけません。それは生きている限り追究する、一人の人間として生涯のテーマでもあります。

財団法人コーナン財団と起業家の未来

「はじめに」に書いたように、一般社団法人・小林起業振興財団は２０１９年1月に設立登記しましたが、約半年後の8月には財団名を変更することにしました。組織委員会の主メンバーと話し合いがおこなわれるなかで、社団法人を財団法人として「一般財団法人コーナン財団」としたのです。

社団法人にしろ財団法人にするにしろ、「起業家を育てたい」という私の目指す方向は何も変わるわけではないのですが、関西一円に呼びかけていくにあたっては、世間に名が通ったコーナンのほうがよいというのが一番の理由です。

とにかく気になっていた後継者問題もメドがついたことで、私はこの財団の運営組織をつくり、定款や活動計画をつくって本格的に活動を開始しました。年に一度「ビジネス・モデル」コンテスト（アワード）を開催することは既定の方針でしたので、まずその第一回目を２０２０年3月に開催することになり、その募集要項をはじめ、第1次審査・２次審査の流れなどが決まり、昨年（２０１９年）秋から広報活動に入りました。

幸い、これまで「起業の鉄則研究会」を通じて優秀な人材がそろっていましたので、具体的な運営についてはそういう方たちの協力や支援によってすすんでいきました。この本は第一回目のコンテストのときに、応募者全員に献本するつもりでしたが、どうやらそれには間に合いそうもありません。しかしこれから毎年続けて開催していきますので、若い起業家の皆さんに少しでも本書を役立ててもらえたらと願いつつ、これを書いているところです。

２００３年から毎月始めた「起業の鉄則研究会」も１８０回を超え、あと1年余りで２００回を数えます。コーナン財団のアワードは年一回の開催なので１００回までに１００年もかかる計算になりますが、アワード開催だけでなく他にも必要に応じて、他の団体との連携により活動を広めていけたらと念願しています。

ビジネスモデルは時代のニーズに応じて変化していくものです。甲南アセットにしてもいつしかビジネスモデルを変えて、次代には第４創業に向かうかもしれません。しかし時代や社会がどれほど変わっても変わらないもの、そして起業家・事業家に求められるのは、チャレンジ精神と事業へのロマンです。

繰り返すようですが、ベンチャービジネスのアワードで賞を受けた起業家が、その事業を成功させたという話は残念ながらあまり聞きません。だからこそ私は、コーナン財団のアワードにおいては、潜在的需要のシーズではなく、現に需要のあるニーズにマッチさせたビジネスモデルかどうかを基準に厳しく審査をさせていただきます。

コーナン財団でのコンテストに入賞したからといって、そのビジネスが最高するかどうかは未知数です。それでもいつの日か、コーナン財団のアワードが広く世に知られて、ひとりでも多くの起業家を生み出す登竜門のようになればと願わずにはおれません。そしてやがては、そこから偉大な事業家が成長することを夢見て――。

※追記

この原稿をここまで書き終えてしばらく後、新型コロナウイルスの感染が世界中に広がり、たいへんな事態になっています。そのため３月に予定したアワード開催は延期としました。

現在、東京オリンピックの延期といったこともマスコミの話題に上っているほどです。ただただ、コロナの終息を祈り、待つばかりです。

第7章

起業の鉄則研究会

（総まとめ編）

「起業の鉄則塾」出版記念パーティー（2019年３月23日）

「起業の鉄則研究会」は、２０２０年（令和2年）2月で、１７２回目を迎えた。

この第1回目は、『失敗しない　起業の鉄則』を出版した翌年（２００４）年5月にスタートした。当初は1年ほど続けたらよいと考えていたが、15年も続いてきた。そして２０１８年12月に１５０回目を迎えたことから、その節目の記念として『起業の鉄則塾』が発刊されることになった。これは5冊目の著書になるが、六人の執筆者のテーマに即して私は外野席から監修者としてかかわることとなった。

この第7章では、執筆者の原稿内容に即して本書の編集者が選んだ「塾長講義録」（鉄則1〜30）の中から、７から30までを挙げておく。これらの多くは、第4作目の『あなたの起業応援します　成功80の考え方』から採用されている。

私は、毎月の「起業の鉄則研究会」で、講師の話のあとにお礼の言葉と短い「講評」をすることになっているが、いつも話すことは、ここに挙げている「塾長講義録」に即した内容とほとんど変わらない。「起業の鉄則研究会」に参加したつもりで、また、本書の「総まとめ」のつもりで読んでいただけたら幸いである。

『起業の鉄則塾』もくじ

第１章失敗を恐れては起業できない
人は失敗から学べるか――岡田敏明
第２章ビジネスモデルをどう創るか
ビジネスモデルの概念について――小西一彦
第３章ニュービジネスの変遷
関西地域におけるニュービジネスの周辺――吉田泰三
第４章マネジメントとコンプライアンス
ドラッカーと渋沢栄一――岡田敏明
第５章ビジネスの付加価値とは何か
起業と知財――下田佳男
第６章お客様に信頼されることが「商人道」である
最高の広告宣伝は、女性の口コミ力――村上顕
第７章ビジネスは総合的な創造活動である
理系人間から文系経営者に求めること――赤松秋雄

第8章心にひびく名言名句99

もくじは右のような構成ですが、本書では、ビジネスモデルをどう創るか（第2章）から始めます。

ビジネスモデルをどう創るか（第2章）

二十一世紀は
ビジネスモデル競争の時代である。
最適なビジネスモデルを発見し
戦略経営を実践することが成功への道である。

■塾長講義録〈鉄則7～12〉

7．何万種とあるビジネスモデル

創業者はだいたいワンマン経営である。創業時はとくに、経営者の信念と情熱、行動力がないと事業を発展させるこ

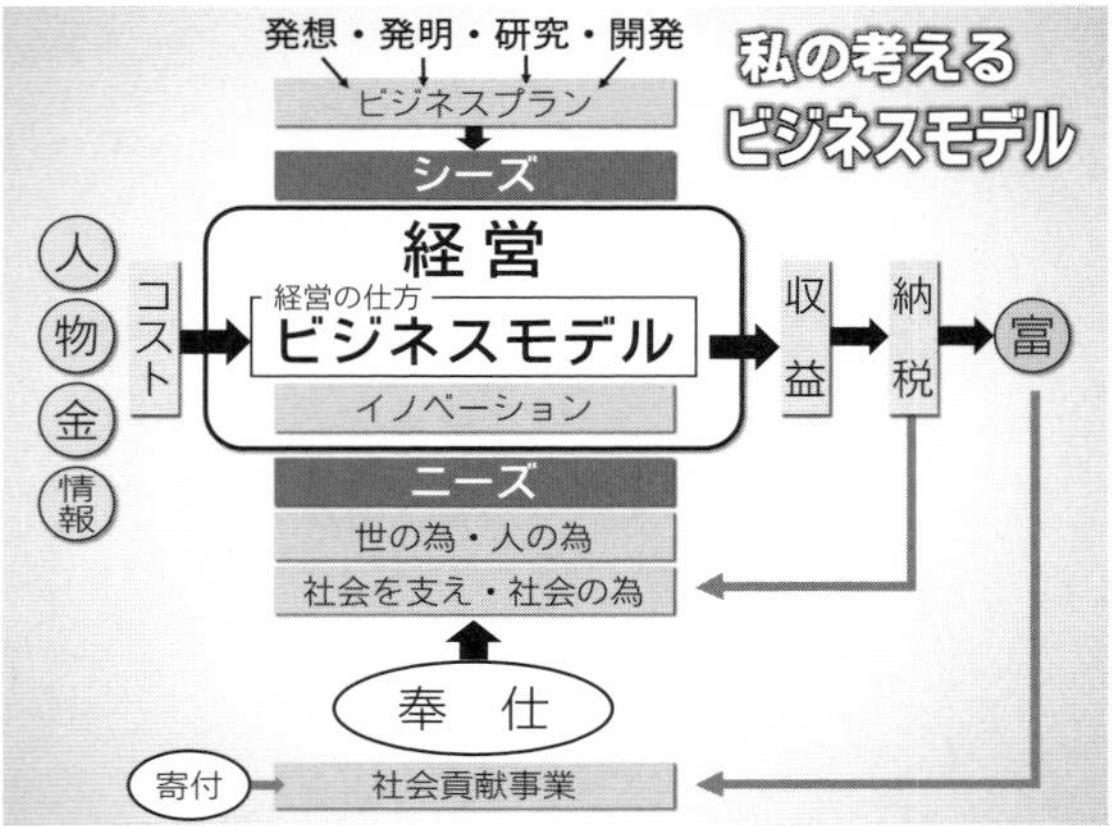

とが難しい。善かれ悪しかれワンマンでないと創業時の困難を乗り切れないからだ。

ある意味で私もワンマン経営者のひとりだが、私自身の私情を挟まない羅針盤（管理会計）があり、良きパートナーや良き参謀に恵まれている。経営がある程度安定してきたら、社内外に参謀役となる人材をもつことが不可欠だ。

創業者でワンマン経営者というのは、成功したビジネスモデルにずっとこだわり続けて、新規事業にも同じやり方をして失敗することが少なくない。しかし創業者は、「ゼロから始めたという原点」を

持ち続ける限りは強い。万一失敗しても、また裸一貫の原点に戻ってやりなおしたらいいという思いがあるからだ。

ところが二代、三代目になると、この原点がない。うまくいって当たり前、失敗したらどうしようという思いがあるから、先代が成功したビジネスモデルを守って、現状維持をはかろうとする。第二の創業をしようとチャレンジしないから、逆にシンドイことになる。二代目、あるいは三代目で大成功している企業家は、それまでの信用を基盤にして、まったく新しいビジネスにチャレンジしている。二代・三代目経営者が新規事業で成功したりすると、もとより大きな基盤からスタートしているので、その成功も大きい。しかもその成功によって「創業者の原点」を知り、経営者としても一人の人間としても強くなる。

経営者としてこの原点の強みを持つか持たないかで、ビジネスに対する心構えや考え方がずいぶん変わってくる。原点のある経営者は、自らの責任で決断ができるので、ビジネスモデルの考え方、作り方も違ってくる。ビジネスモデルというのは経営者自身の考え方や戦略そのものだからだ。

ところが、総合スーパーとかコンビニといった業種・業態のことをビジネスモデルだと勘違いしている経営者が意外と多い。新しいビジネスを開拓することだけがビジネスモデルの変換だと思い込んでいる。そうではなく、いまの商売のやり方や戦略を大きく変えることもまた、ビジネスモデルの変換を意味する。

同じ商売であっても、経営者によってビジネスモデルはずいぶん違ってくるから、世の中のビジネスモデルは何万、何十万種も存在することになる。実は、そう言う私自身も、このことに気付いたのは第二創業期に入ってからだった。このことに気付いたことで大きな視界が広がったわけである。

8．五大原則に基づくビジネスモデル

人間の意識というのは実に不思議なものである。意識のなかでずっと思い続けていることが現実化していく。その思いが強ければ強いほど現実のものとなり、思いの力が弱いと淡夢のように消えていく。

私がこうして事業をするようになったのも、少年時代に「社長さんになりたい」と思っていたからだ。一時期、学者になりかけたけれど、社長になる夢は諦めていなかった。

この意識の働きを行動エルネギーに変えていくためには、明確な言葉（概念）で表現し、紙に書いていく必要がある。頭のなかでボンヤリ思い描いているだけでは行動のエネルギーになりにくく、夢が夢のままで終わってしまう。手帳やノートに記して、座右の銘のように毎日見ていると、意識と行動が一致していく。

まして事業プランを立てるとき、ビジネスモデルをつくるときも、かならず紙に筆記して意識の中身を整理する必要がある。とにかく、できるだけ具体的な言葉や目に見えるイメージに置き換えてみること。この作業を続けることで意識と行動のベクトルが方向づけられていく。

第二創業のとき、私は5つの具体的テーマを掲げて取り組んできたが、新しいビジネスモデルを考える際にも必ず、次の5つの原則に照らし合わせている。

一、自己資本経営を目標とする（自己資本をコツコツ貯えて、負債をつくらない）

二、常に資金的余裕をもつ（運転資金は常に20％の余裕をもっておく）

三、資金を眠らせない（資金を働かせないことは不良在庫を抱えるのと同じ）

四、魚のいる池で釣る（立地条件のよい場所で商売をする）

五、売れ筋商品を回転させる（売れ筋商品を徹底して売る。売れない商品は抱え込まない）

私はこの5つを「起業の五大原則」と呼び、どんな商売をするときでも、そのビジネスモデル構築の基本としている。

とにかくビジネスモデルの構築においても奇策は通用しない。この五大原則を突き詰めていくと、いま構築しようとしているビジネスモデルのどこに問題があるのか見えてくるはずである。

9．イノベーションは最大・最優先の仕事である

事業拡大のためのビジネスモデルの鉄則を逆にしてみると、失敗するビジネスモデルの共通点がみえてくる。要約すると次の五点である。

①時代変化のスピードに対応できないビジネスモデル

②戦略がなく戦術レベルのビジネスモデル
③原理原則からはずれたビジネスモデル
④付加価値が市場ニーズとずれているビジネスモデル
⑤コンセプトが抽象的で具体性のないビジネスモデル

これではいくら優秀な経営者がやってもうまくいくはずがない。

経営者がビジネスモデルのイノベーション（変革）をしようと思っても、会社が黒字であるうちは社内の改革がなかなか進展しないものである。老舗企業が潰れたり、倒産しないまでも活気がないのは、勇気をもってビジネスモデルの変革をしていないからだ。

私が第二創業期に挙げたテーマ①〜⑤は、「私のお針箱」と「甲南チケット」で実現できたが、実は、このテーマのどれをとっても、それを一つ一つ変えていくことは大変なことなのだ。服を着替えるようにビジネスモデルを替えても人間はロボットのように設計どおりに動かない。古いビジネスモデルから脱皮するにはそれ相当の時間がかかる。組織が大きいと、なおさらそれは難しい。社内組織に変革の意識が徹底されてこそ、はじめて新たなビジネスモデルは活かされてくる。

「企業の寿命10年」とも言われるように、ビジネスモデルはすぐ古くなる。だから事業を拡大したいと思うなら、経営者は常に第一、第二創業といった意識をもって、変化のスピードに即したイノベーションをやり続けていかなくてはならない。それが経営者としての最大・最優先の仕事なのだ。

10・ビジネスモデルはシンプルでなくてはいけない

事業（商売）を成功させるためには必ずビジネスモデルを構築しなくてはいけない。

この商売をどのような仕組みにしたら収益が上がるか、また、どのように運営したら人・モノ・カネを効率よく生かせるか、といった経営の基本的システムであり、成功に導くための戦略である。

ソフトバンクの孫さんはさすがに事業の天才だけあって、戦略についてずばりこう言っている。

「急所を見つける。それが戦略です。戦略の元々の意味は略することです。」

「急所を見つけ、略する」とは、まさに核心をついているわけで、言いかえれば、ビジネスモデル（基本設計）はツボを押さえたシンプルなものでなければいけないということである。シンプルな仕組みを突きつめていくと、キャッシュフロー経営ということになるが、それはまた後で述べる。

とにかく経営戦略というは大きな経営指針であり、ビジネスモデルはこの戦略に基づいてつくるものだ。環境の変化によってビジネスモデルを変革したり、マイナーチェンジするのも戦略である。

戦術というのは、そのときそのときの方法論であって、競合他社の出方を調べたり、市場の動向や変化を見ながら手を打つのは、戦略ではなく戦術の部類に入る。

大きな戦略あっての戦術だが、ビジネスモデルを戦術と勘違いしている人が多いのではないだろうか。ベンチャー企業を立ち上げて失敗する人を見ていると、そう思わざるをえない。

11．キャッシュフローを基準にビジネスモデルを確立せよ

第三創業で始めた「甲南アセット」は、大きな資金量を必要とする不動産を扱う商売だが、言うまでもなくこのビジネスの基本はキャッシュフローである。

キャッシュフローは、企業が次の展開に向けて自由に使える現金そのものだ。人間にたとえれば、生き生きとした生命と健康を維持する血液の流れに相当する。だからビジネスモデルの確立は、売上や規模よりキャッシュフローを基準にすべきなのだ。

「甲南アセット」のキャッシュフローは、不動産からの家賃収入のなかから銀行への返済や金利・固定資産税、その他諸々の経費を差し引き、法人税まで支払った後に残るキャッシュそのものである。

所有不動産の数が増えてくると、立地条件のよい超優良な不動産と比べて他の不動産のキャッシュフローに大きな開きが出てくる。また、景気の動向などで入居率が高下してキャッシュフローが変化する。そういう変化を見ながら不動産のスクラップ&ビルドをしていくのが「甲南アセット」のビジネスである。

当然、キャッシュフローを最大化するためには、スクラップ&ビルドをいかに効率的かつ速やかにするかにかかってくる。そのとき、私情をはさまない客観的な判断基準でする必要がある。

その判断基準となるのが「管理会計」だ。これは会計士に頼むようなものではなく自ら工夫する必要がある。私はこの「管理会計」で、「甲南チケット」全店の新陳代謝をはかり店舗数を伸ばしていっ

た。そして第三創業の「甲南アセット」でも物件ごとのキャッシュフローを見極めてスクラップ&ビルドを繰り返すことで経営体質の強化をはかることができたのだ。

どんな商売にしろ、事業を伸ばすためにはキャッシュフローに準じたビジネスモデルを確立しなくてはいけない、ということである。

12．キャッシュフロー経営は近代経営の基本である

キャッシュフローを直訳すると「現金の流れ」という意味だが、企業会計上では、「一定期間内のキャッシュの流入と流出を示すフロー情報」と定義づけられている。

要するに、日々のお金の出入りを記録した情報であり、基本的には家計簿をつけるのと全く同じことである。家計簿のなかでヘソクリができたら奥さんは自由に使える。

ヘソクリと企業の資金を同列にはできないにしても、企業会計では自由度の高い余裕資金をフリーキャッシュフロー（純現金収支）と呼んでいる。

このフリーキャッシュフローを増やしたいと思うなら、キャッシュフローそのものが増えていく経営をしなければ実現できないわけである。実際に利益のあがっている企業でも、キャッシュが足らない、つまり資金繰りに行き詰まって支払いができず黒字倒産することもある。

店舗を改装するときも、新規の店を出すときでも、とにかく事業を伸ばしていくためには余裕資金

が必要になってくる。いまがチャンスというときに、年に一度の決算書（損益計算書、貸借対照表）を見てから判断しているようでは遅いのだ。

キャッシュフローを中心に考える「キャッシュフロー経営」は、優れた商売人が昔からやってきたことで、特に目新しいことではない。大企業では常識になっている近代経営の基本なのだ。

しかし中小企業経営者の間では未だに、年度「決算書」に判断を求めたりする人が少なくないのが実情である。

事業規模の大小に関わらず、経営者には何よりも判断・決断のスピードが求められる。その決断を迷わずに速やかに行なうためにも、キャッシュフローの変化が一目でわかる管理会計（家計簿）を経営者自ら工夫してつくらなくてはいけない。

ニュービジネスの変遷（第3章）

ニュービジネスの多くがアイデア倒れになるのは、
シーズのみ追いかけて
市場ニーズを掴みきっていないからだ。

すでに市場ニーズのある二番手商売をねらう。
それがベンチャーで成功する一つの秘訣である。

■塾長講義録〈鉄則13〜15〉

13．ベンチャー企業は失敗の代名詞となった

これからは多少なりとも若い起業家たちの力になりたい。60歳代になった私は自分の人生設計の考えもあって、２００３年、ＪＲ神戸駅前の自社ビル（ファースビル）に神戸インキュベーションセンターを設立した。企業の巣立ち、すなわち自立までを支援しましょうというのが設立の目的だ。

この数年前から「資本金1円でも株式会社を設立できる」法律ができていたが、予測したほどにこの制度の効果があがらなかった。そして、起業の成功率はさんたんたる有様だった。

当時、起業した会社は「ベンチャー企業」と呼ばれてもてはやされた。ところが10年もしないうちにベンチャー企業は失敗の代名詞のようになり、ベンチャーという言葉を使うことすら敬遠される風潮になってしまったのだ。

神戸インキュベーションセンターのブース（部屋の区切り）に入ったベンチャー企業も巣立ちすることの厳しさを実感した。

私としてはいろいろと支援してきたつもりだったが、入居した起業家に決定的に欠けるものがあっ

た。それは、「ビジネスの厳しさに対する認識の甘さ」に尽きる。一言でいえば金銭感覚の欠如である。また、ニーズとシーズを勘違いして、ある商品を開発したら勝手に売れるものと思い込んでいるような甘さにおいても共通している。そこに早く気づき、次章で述べる「起業成功の鉄則」を、強い意志と情熱をもって実践できるかどうか。ベンチャー企業の成功は、そこにかかっているのである。

14．シーズよりニーズ、すでに繁盛している二番手商売をねらえ

私は長年「関西ニュービジネス協議会」（ＮＢＫ）に席を置いていた。これは社団法人組織で、全国のブロックごとに同名の組織がつくられて、ニュービジネスを起す人たちの支援や啓発活動がおこなわれている。

ＮＢＫでは毎年、啓発活動の一環としてニュービジネスにチャレンジする人たちのプレゼンテーションを審査している。こうした活動自体は有意義なことだが、残念なことに、ここで選ばれたビジネスプランがその後大きく発展したかといえば、必ずしもそうではない。むしろ鳴かず飛ばずのまま、世に出なかったプランも少なくない。

なぜなのか。その理由を簡単に言えば、市場ニーズをつかみきっていない商品やビジネスプランであるからだ。

新しい商売に果敢にチャレンジするのはいいけれど、発想やアイデアが面白いというだけではビジネスにはならないのだ。もしそれが本当に儲かる商売（商品）だったら、大企業はすぐやり始め、たちまち販路は奪われてしまう。だから何か新しい商売をやるときには、大企業が手を出さないようなニッチの商売を選ぶ必要がある。

「一番手商売ではなく、二番手商売をやりなさい」。私は起業を目指す若い人にはそうアドバイスしている。まだ誰も手掛けていない一番手の商売は、未知の市場開拓から始める必要がある。そういうシーズの商売は大手企業や金持ちがすることだ。

二番手商売というのは、すでに市場ニーズがあり、誰かが儲けている商売のことである。これから起業しようという人は、すでに繁盛している二番手商売をねらい、成功者の後を追うことが最短かつ成功の秘訣である。

15．「魚のいる池で釣りをする」のは商売のイロハである

私はよく講演で「甲南チケット」の事例を挙げながら、「魚のいない池で魚は釣れない」という意味で2つの池の話をして問いかける。

大きさも見た目も同じ池が2つあり、一方では釣り人がまったくいない池、もう一方では人がいっぱい釣っている池がある。もし自分が釣り人であったら、この2つの池のどちらを選ぶかという設問である。

釣り（商売）の経験がない人は、自信がないとか、競争相手がいないからといった理由で、人がいない池で釣り糸を垂れる。そして結局、1日かかっても魚を釣ることができない。しかし釣りのプロは、釣り人の多い池のほうで釣りをする。魚が圧倒的に多いことを知っているからだ。競争は激しくてもプロはプロなりに釣りあげる。そしてこの池なら素人も素人なりに釣りあげることができる。

商売もこれと全く同じことで、競争の厳しいところほどお客が多く、一等地ということになる。競争のない商売はそもそもお客が少なく、商売として成り立たないということなのだ。だから、できるだけ早く軌道に乗せるためにも、超一等地を狙うことが大切なポイントである。

どれほどニーズのある商売でも立地のよくない場所でやれば、同じ資金・労力・時間をかけても思うような利益はなかなか上がらない。これは商売のイロハとしての真実なのだが、「魚があまりいそうもない池」で釣りをする起業家があまりにも多いので、とくに強調しておきたいことである。

マネジメントとコンプライアンス（第4章）

マネジメントとは広義の「人間学」であり、
コンプライアンスとは、
モラルと誇りを持った商人道である。

■塾長講義録〈鉄則16〜19〉

16．マネジメントの力を磨け

企業経営の理論家として日本でも人気の高いピーター・ドラッカーは、「マネジメント」の発明者と言われている。

「ドラッカー・マネジメント」と呼ばれるその理論は、経営やビジネスにおける管理法といった狭義の意味から抜け出し、人間の成長や幸福にもかかわる人文科学的な学問として広義にとらえたところに斬新さがあった。つまりマネジメントは、「企業の維持・発展のための単なる経営管理」ではなく、「人間学である」とした点に、ドラッカーの発明があったというわけである。

近年、マネジメントという言葉は企業経営だけでなくいろいろな場面で使われているが、プロパティマネジメントと言う場合、プロパティ（資産）を管理運営するといった意味に限定されてくる。しかし経営マネジメントという場合、マーケティングやイノベーション、組織活性化、人材教育などすべて含めた経営全般のことになる。

トップマネジメントという言葉もあるように、経営者が近代経営の実現を目指すなら、ドラッカー流の広義なマネジメントでなければいけない。経営は総合的な創造活動であり、経営者自身が人間的成長をしながら「人間学」を身につけていく必要があるからだ。

私がここで語ろうと思うマネジメントは、「人間学」というほど広義の意味ではないが、プロパティに限定したものでもない。端的にいえば、事業をさらに伸ばしていくためのマネジメントの原理原則（鉄則）である。新規事業の立ち上げ、第二創業に向かうときにもマネジメントの鉄則がある。

17．経営マネジメントは5つの鉄則にある

すぐれた経営者は難しい経営理論など知らなくても事業を伸ばしているが、その成功には必ず基本法則の裏付けがある。私は、自らの会社経営で実践してきたことを踏まえ、スクラップ&ビルド16の鉄則」をさらにシンプルに5つの鉄則にまとめている。これがつまり私の経営マネジメント（キャッシュフロー経営）の鉄則である。

〈鉄則1〉自己資本経営を目標にする

自己資本をコツコツ貯えて負債をつくらない。そのために質素倹約にはげむ。

〈鉄則２〉常に余裕資金をもつ

20パーセントの余裕資金があれば、資金が回転しやすくなり何倍もの資金となる。

〈鉄則３〉資金を眠らせない

資金・在庫の移動は夜（閉店）のうちに行え。

〈鉄則４〉魚のいる池で釣る

魚のいない池ではいくらがんばっても釣れない。

〈鉄則５〉売れ筋商品を回転させる

数パーセントの売れ筋商品で１００％の売上を上げる。

以上の５点を徹底追求していけば、必然的に資金回転率は高まり、余剰資金が生まれ、１００パーセントの自己資本経営も可能になってくる。フリーキャッシュフローが増え続け、健全経営の好循環をつくり出していく。

頭で理解しても実践できなければ意味がない。理論上の法則を実践上の鉄則にしてこそ成功の道は拓ける。それを一つひとつ実現していくのが、経営者の情熱と手腕である。

18．井原西鶴が説いた４つの商人道

最近でもベンチャー企業を起こそうという人なら、皆それなりの「才覚」は持っています。中には溢れんばかりの「才覚」の持ち主もいます。ところが才覚が走りすぎて失敗する例も多いのです。

井原西鶴が説いた「商人道」に、有名な４つの教えがあります。その１つが「才覚」ですが、起業で失敗する人は、残りの３つのどれかが欠けていると言わざるを得ないのです。知っている人も多いと思いますが、念のため、その４つを挙げてみます。

一、「始末」凡人なら誰もがしたいことを徹底的に我慢し、節約すること。自己資金を稼ぐ正攻法として、まず始末が肝心。

二、「算用」勘定や財政の収支尻を合わせ、採算をとること。「入るを計って出るを制する」のが商売の基本。

三、「才覚」知恵や工夫をこらし、機敏に商機をつかむこと。資金の回転を高め、利幅を大きくすることが大切。

四、「信用」正直な商法で約束を守り、お客や取引先の信用蓄積が何よりも大事。

私は、この標語をノートに挟んで常に持ち歩き、トイレの中にも貼って、ときおり反省しつつ眺めています。若さのエネルギーに満ちて才覚走った人は、この中のとくに「始末」が苦手で、その結果、

経営上の「算用」もできなくなっている人が多いように思います。

才覚のある人は、借金で商売を始めることはできるけれど、結局それがつまずきの元になってしまいます。お金を貸してくれたときは、本当にありがたいと心底思います。しかし、自分が汗を流して稼いだお金は、借りたお金の何倍もの価値があり、その「ありがたみ」は雲泥の差です。第一、自分が汗してつくったお金は、どうして使うかということを考える執念が違います。

だから商売を始めていくときは、まず第一に自己資金を貯めていくことが鉄則です。それをやっていかないと、不安定な経営がいつまでたっても安定しません。

資金を貯めるためには節約節約に心がけ、「入るを計って出るを制する」しかないのです。お金は貯めよう、貯めようとしても貯まりません。とにかく徹底して無駄なお金を使わず、モノを大切にする。この基本を忠実に実行することです。

私は、松下幸之助の「商売戦術十カ条」も頭に入れています。これは「店」「お客」「奉仕」「資金」「損益」という5つの項目を十カ条にまとめたものですが、私の経験則からしても心底納得することばかりです。

いくつかを挙げてみると、たとえば「店」については、「店の大小より場所の良否。場所の良否より商品が大切」とあります。また「商売は世のため人のための奉仕であり、利益はその当然の報酬である」と、「奉仕」の心を説いています。

「資金」については、「資金のなさを心配するな、信用の足りないことを心配せよ」とあり、それに続いて「資金の回転を多くせよ、１００円の資本も10回転すれば１０００円となる」とあります。

商売の神様とまで言われた人の言葉ですから説得力があるのも当然ですが、最近のベンチャービジネスの傾向を見ていると、こうした商売の鉄則・法則を逸脱しているものが多いように思われます。

「資金のなさを心配するな」と言っていますが、その意味は運転資金がなくてもいいというわけではないわけです。始末・採算を計り堅実に商売していくことが「信用」につながるのだから、その努力の足りないことを反省せよということです。信用さえあればお金は回る。これは堅実に商売する人の実感です。

「資金の回転を多くせよ」というのもまさに商売の法則です。繰り返し述べてきたように、資金回転率を上げるためには、余裕資金を備えておくことが絶対条件です。

「損益」については、「常に今日の損益を考えよ。今日の損益を明らかにせずには寝につかぬ習慣とせよ」とまで言っています。

この言葉について私なりの解釈はこうです。商売をするからには儲けなければならない。商売には国境はないのだから、利益が上がらないというならそこから早く撤退して、次の戦略を実行しなさい、と。

「商業界」では、こうした商売の生きた実践道も学ぶわけですが、経営者も忙しくなるとつい原点を忘れがちになります。むしろ多忙なときこそゼミナールに参加して、商売の原点や自分を見直す機会をつくる必要があるのだろうと思います。

19・「モラルと誇り」は普遍的な商人魂である。

志が高ければ高いほど、登る山は高い。商売人は信用と実績をコツコツと積み上げながら山頂を目指す。その途中にさまざまな誘惑があり、目先の利に走りたいこともあるかもしれない。あるいはコンプライアンスに反するビジネスの誘惑もあるかもしれない。そんなとき一つ選択を誤れば、険しいビジネスの崖を一気に転がり落ちることもある。

私も商売を始めたころに何度となく儲け話の誘惑にかられ、そちらにのめりそうな時もあった。しかし、どうにか目標とする道に逸れることなく来られたのは、「正しい商人道」を学んだからだと思う。

商売人として私の大きなバックボーンになっているのは、倉本長治先生（商業界・主幹）の商人道である。

第一創業のころの私は、経営理論で商売を考える傾向があり、経営の行き詰まりを感じていた。そんなとき、ある人との出会いをきっかけに「商業界」のゼミナールに行くようになり、「商人道」を叩きこまれたのだ。

昭和の石田梅岩とも言われる倉本先生の「商人要道」は、商売の哲学・倫理、すなわち「正しい商人道」であるばかりでなく、宇宙の摂理にあった生き方をしなければいけないという一種の人生哲学だ。戦後日本の創業者や経営者の多くはこの「商業界」で学び育ったといっても過言ではなく、とくに流通業界の経営者の大半は何らかの形でお世話になっているだろう。

仕事現場でも多くの先輩に学んできたが、やはり何と言っても私の精神的支えとなったのは倉本先生の教えだった。それを端的にいえば「モラルと誇り」であり、時代や社会がどんなに変わろうと普遍的な商人魂である。

ビジネスの付加価値とは何（第5章）

どんな商売でも、それが成り立つためには
付加価値が必要である。
お客がお金を払うのは、
そこに何らかの付加価値を認めるからだ。
経営者にはそれを敏感に察知する
人間的な感性が求められる。

■塾長講義録〈鉄則20～22〉

20．人間的な感性が事業を発展させる

どんな商売でも、それが成り立つためには何らかの「付加価値」が必要である。他と比較して値段の安さ、便利さ、サービスの良さ、心地よさ、高級感などいろいろある。

たとえば都心部の商業地は、大勢の人が集まるという立地の付加価値によって、土地の値段が何百倍、何千倍にも跳ね上がる。住宅地の場合、同じような建物であっても、そこに誰が住むかによって価値が大きく違ってくる。その事実を人種差別意識の強いアメリカ視察でも改めて痛感させられた。

このことは不動産ビルのプロパティマネジメントの経験からも言える。ビルの入居者の業種がばらばらであるよりも、弁護士や会計士が集まったビル、業種は違っても関連性のある業種が集まったビルは、ある種のステータスをもった付加価値が高まる。

感動や喜びという付加価値のビジネスもある。人は美味しい料理を食べたら、喜んだり、感動したりする。音楽や演劇、スポーツなども、人は感動を求めてお金を払う。いずれにしても、お客がお金を払うのはそこに何らかの付加価値を認めるからだ。

だから経営者は、こうした付加価値というものを敏感に察知する感性を日頃から磨いておく必要がある。いくら優れたビジネスモデルや新商品をつくったところで、経営者に人間的な感性が根底にないと事業は大きく発展しない。

ニット機械メーカーの島精機製作所が世界のトップ企業になったのも、島正博社長が一人の人間として魅力があり、優れた感性の持ち主でもあるからだ。それを一言でいえば、創業者の「人間力」ということになる。歴史的な事業家はむろんのこと、いろいろな創業社長と身近に接すると、私はいつもそのことを実感する。

21．ブランドの確立で立場が逆転する

私は第二創業で5つのテーマを同時に追求していった。そして、事業を大きく成長させるためには、「①のれん借り商売から自社ブランド」の確立が第一と考え、服のリフォームショップ「私のお針箱」を出店した。これが、甲南グループとして最初にできた自社ブランドである。

「②足し算商売から掛け算商売」

固定費のかからない小さな商売でも必ず利益が上がるもので、その店舗を数多く展開できる（掛け算）商売だ。これは甲南グループの第二のブランドとなったチケット販売の店「甲南チケット」が該当する。

「④じっとしていてもお客に来ていただくような商売」

出ていく商売は経費がかかる。店を開いたらお客が並んでくれる商売、それこそが商売の醍醐味である。「甲南チケット」はまさにそんな店としてチェーン展開し、「私のお針箱」もこれに該当する商

出版記念パーティー　2019.3.23

売である。

私は、自社ブランドの確立を一番のテーマにして2つの商売を同時進行させたわけだが、「甲南チケット」も「私のお針箱」も5年ほどでブランドを確立した。

自社ブランドが確立したときからビジネスの展開は大きく変わる。売り手市場から買い手市場になるからだ。そうなると、こちらから「出店依頼」をするのではない、先方から「出店要請」が来るようになる。そして相手側が取引条件を出すのではなく、こちらが有利な取引条件を提示できる、というように立場が逆転する。

同じ商売をするのでもブランド力があるのとないのでは雲泥の差が開く。だから事業を大きく伸ばしていこうと思うなら、戦略に基づくビジネスモデルをつくるとともに、ブランドの確立を目指すことが大切である。（注：③と⑤は省略）

22．厳しい競争が商売人を成長させる

独立起業する人のなかには、「何とか食っていければそれで満足」という人もいるだろう。そのことに私はとやかく言う気はない。しかしビジネスで少年の大志や夢を実現しようと思うのなら、厳しい競争のなかへ飛び込んでいかなくてはいけない。

魚のいる池では、プロはプロ並みに、素人は素人なりに魚が釣れる。しかし魚のいない池では当然、プロでさえ魚は釣れないのだ。魚のたくさんいる池、すなわち一等地にはプロたちの激しい競争が待っている。独立したばかりで信用も資金もないからといって競争を避けていたら、大きな発展はのぞめない。資金がないから一等地に出店できないというのは、真剣に探していないだけのことだ。最初から超一等地がだめなら次のランクの立地を探さなくてはいけない。

商売というものは一等地であろうが二等地であろうが、やることは同じである。家賃が高いか安いかの違いだけで総コストは同じくらいかかってしまう。一等地の売上高は、二等地の何倍もあるから利益は何倍にもなる。結果的に売上コストは低くなり、利益が上がる。厳しい競争にもまれて商売のコツも覚え、成功すればブランド力もついていく。

ビジネスは常に「攻めの姿勢」が基本である。一等地を選ぶことは、利益を高めるだけでなく、厳しい競争にもまれることで商売人としての成長にもつながる。競争の激しいところで商売を続けていると人との出会いも多く、次のビジネス展開にも有益な生きた情報が集まってくる。そして人との出

会いから新たなビジネスチャンスも生まれる。競争があるから知恵が生まれ、ヒット商品も生まれるのだ。どんな商売・分野を見回してもわかることだが、事業を大きく発展させるのは、激しい競争の渦へ飛びこんでいく創業者の情熱と行動力なのである。

お客様に信頼されることが商人道である（第6章）

自分の商売に情熱と誇りをもっている商売人は、お客の立場からみて信頼できる。
お客の利を先に考え、
商品を売る前に信頼を売る。
それが商人道の基本である。

■塾長講義録〈鉄則23〜25〉

23．一人の力の限界を早く悟れ

起業して商売はいちおう軌道に乗ったけれど、スモールビジネスからなかなか脱皮できないというのは、人を使って拡大する仕組みや組織がつくれていないからだ。

事業を大きくする基本として、昔から言われているのが「迂回生産の法則」である。組織をつくって人に働いてもらう、お金を運用する、特許などで儲けるなど、とにかく「他のものを介して」利益をあげるので「迂回生産」と名付けられている。

自分一人や家族経営でやっていたらやはり限界がある。人件費を抑えられるということで、いつまでもそれを続けていたら人を雇うことのリスクばかり考え、会社を発展させようという発想自体がなくなっていく。それではいつまでたっても「生業」のままで、事業として発展はできない。

言うまでもなく、事業とは組織の総合力である。小商いは一人でもできるけれど事業はできない。自分一人の限界を早く悟り、組織によって生産力を上げていくのが事業である。

スモールビジネスの段階から事業へと発展させるためには、迂回生産の法則をいろんな面から検討し、実行していかなければならない。人を使って組織として運営する段階から初めて事業はスタートする。

人材を育てるためにも任せられる仕事はどんどん任せ、あるいはアウトソーシングもやりながら、経営者はより高い次元、より高度で難しい仕事を探して挑戦していかなくてはいけない。それが実業家というものであり、経営者としての成長にもつながるわけである。

24・お客の利を先に考えることが何より大切だ

「顧客第一主義」とか「顧客満足」という言葉は、どんな商売、どんな企業においても掲げている標語である。だが実際のところ、この言葉を組織全体に浸透させるのはなかなか大変なことである。経営者自身が率先してその精神を実践・体現しないことには従業員もついてこない。

「顧客第一主義」は昔から商売の基本であるから、商売十訓でも３番目に挙げている。「お客さまに有利な商いを毎日続けよ」

その一方で、十訓の４番目には店（企業）側の立場を示している。

「愛と真実で適正利潤を確保せよ」

この３番と４番を一対のものとして具体化しなければ、商売は存続できない。商売の本質を、一対の言葉で的確に表現しているわけだ。

では、企業が存続するために「適正利潤を確保せよ」というのは当然として、その前になぜ「愛と真実で」とあるのだろうか。実は、これもお客の立場から見た言葉なのだ。

自分の商売に愛情（情熱）と真実（誇り）をもっている商売人というのは、お客の立場からみて信頼できる人である。だから商売人というのは、あくまでもお客の利を先に考え、お客から信頼されるように努めることが何より大切だ、ということを表している。商品を売る前に信頼を売れ、ということでもある。

信頼される商売をしていれば、自ずと適正利潤を確保でき、その商売は発展していく。
結局、どんな商売をするにしても、経営者自身の姿勢ひとつにかかっているということである。

25・「明日は今日の明日ではない」

インターネットが普及してまだ4半世紀にすぎないが、技術イノベーションは文字どおり日進月歩で進歩し、社会全体もビジネスモデルも驚くスピードで変わっていった。この時期、私自身は67歳で第三創業をスタートさせた。サラリーマンだったらリタイアの年である。

「今日は昨日の今日ではなく、明日は今日の明日ではない」

私はとくに信仰心はないけれど、この言葉を常に心に念じている。変化を求め続けるのが経営であり、変化を恐れるのは経営者とはいえない。

かつては、本業を大事にしないと企業は成長しないと言われてきた。しかし大企業ですら、その本業を守らんがために次の開発を怠ったところは倒産する時代なのだ。変化のスピードに応じた自由な発想がないと、世の中に当てはまるビジネスモデルもつくれない。ビジネスモデルを構築するときは、時代変化のスピードを念頭におく必要がある。5年も10年も通用するビジネスモデルなど創れないし、創ろうとしてはいけない。ということは、最初から変化に即応できるモデルを創っておく必要があるということだ。

ただし、モデルの基本的骨格は変えてはいけない。骨格とは、経営者の哲学や夢、熱い企業理念といったものである。そうした骨格がないビジネスモデルというのは、まさに羅針盤を失った船のようなものだ。どこへ進むのか、船長も乗組員もわからないようでは、厳しいビジネスの大海を航海することはできない。

これまで述べたように経営者には確かな羅針盤が2つ必要なのだ。その1つは、キャッシュフロー経営という客観的な羅針盤、そしてもう1つが、損得より善悪で判断する経営者自身の哲学、すなわち商人道である。

ビジネスは総合的な創造活動である（第7章）

何度もピンチを乗り越えてこそ
大きな達成感を味わうことができる。
ビジネスの創造活動には
終わりがないから定年もない。
一生をかけるに値するロマンである。

■塾長講義録〈鉄則26～30〉

26．先輩の姿に自分の将来が見えた

１９６０年、川崎航空機（現・川崎重工業）に入社した私は、当時三宮にあった本社の経営企画室に配属され、経営計画を立てたりする一方、常務会の事務局の仕事も兼ねていた。

まだ電卓がなかった時代で、チンチン、チンチンと音がする手回しの計算機で明けても暮れても計算作業。徹夜もしばしばというハードな勤務の中、ふと考え込んでしまった。３年先輩の人たちも新入社員の自分たちと同じように計算業務に明け暮れていたからだ。

先輩の姿に自分の将来が見えてしまい、「今、何かしなければいけない」と、神戸大学の経営学部第2課程（夜間部）に学士入学した。入社3年目の春である。会社と学校と家の往復で遊ぶ暇などなくなった。しかし大学時代と違って実践的に役立つ勉強でたいへん充実した時間だった。学士の実績が残り、中小企業診断士はこの時期に取得している。

35歳で会社を辞めたとき、結婚したばかりなのに私はどんな商売をするのか全くアテもなかった。不安でいっぱいだったが、友人から紹介された商売（複製画を販売）にがむしゃらになって打ち込んだ。起業した当初は知識や資格など何の役にも立たなかった。しかし事業が発展するにつれて、それまでの経験・知識が活かされるようになったのだ。

経験や学問の裏付けがなかったら、私はおそらく発展性のない小商売に明け暮れていただろう。人

生設計を立て、20代はとにかく勉強をしなさいという理由はそこにある。

27．ビジネスは一生をかけるに値するロマンである

何かの商売で失敗しても、諦めず、止めなければ失敗ではない。そういう意味で私はビジネスで失敗したことがない。

これまで十数回も商売変えをしてきたのは、新たなビジネスにチャレンジすることが楽しかったからだ。

もちろんビジネスを始めるにあたって毎回ピンチがあり悩み苦しんだが、それを乗り越えることで大きな達成感を味わった。そしてやがて、ビジネスは総合的な創造活動だとつくづく実感するようになった。ビジネスの創造活動には終わりがないから定年もない。一生をかけるに値するロマンである。

冒頭からこんな話をするのは、いずれ独立を考えているなら、35歳までに起業するのがベストと言いたいからだ。この年に独立した私の体験的実感である。世間には社会経験を十分活かして起業したほうが成功の確率も高い業種があることも事実だ。しかし大きな志と夢を実現するためには、あまり短い期間では無理がある。10年、20年でも短い。せめて30年ぐらいの期間が必要だ。

となると、やはり起業するのは早すぎもせず遅すぎもせず、ある程度の社会経験を積んだ35歳ぐらいがちょうどいい。

私はそういう人が一人でも多く現れることを期待しながら、「起業の鉄則塾」を開いている。

28．失敗はすべて自分の責任、成功はみんなの協力のおかげだ

時代や社会の変化があまりにも早く、ビジネスモデルの寿命がどんどん短くなり、企業の平均寿命さえ「企業十年説」と言われるぐらいになった。ひと昔は「三十年説」だったのだから、経営者のかじ取りはますます難しくなっている。しかし景気の変動や競争という波にもまれながら航海をつづけるのが会社経営というものだ。

船長（経営者）の判断が誤れば、船が岩に座礁したり沈没することもある。悪天候のとき船を港に避難させなかった船長は最後まで責任をとらなければならない。不景気を言い訳にしたり、部下の不始末のせいにしてはいけない。すべては船長の責任である。

責任の重さから、経営者は孤独になりがちだ。だから経営者のなかには占いに頼ったり、拝み屋さんのような人のお告げで判断する人もいる。気持は分からなくもないが、それは一つの参考意見としておくべきだ。

決断するときはタイミングというものがある。決断しないということも一つの意思表示だが、経営者がいつまでも中途半端な態度を続けていると社員たちが戸惑ってしまう。トップは常に明確な意志表示をしなくてはいけない。

決定したことはすべて自己責任として総括しないと社員からの信頼が薄れ、結果的に会社全体の士気を落としてしまうことになる。経営者は社内の士気、やる気、元気を醸成していかなくてはいけない。

そのためにも、「失敗はすべて自分の責任であり、成功はみんなの協力のおかげだ」ということを、常日頃から態度で示す必要がある。

29．事業は総合的な創造活動である

事業は総合的な創造活動である。私は常々そう言っているが、アップルを世界企業に成長させたスティーブ・ジョブズは、「創造性とはものごとを結びつけることにすぎない」と言う。なるほど、うまい表現である。一見無関係に見えるものや、離れているものを関係づけて考えたりイメージするという意味だろう。

企業経営もまさにその通りで、経営者は過去の経験や知識、あるいは人との出会いからヒントを得たことなどを結びつけながら、ビジネスモデルの構築や経営マネジメントという創造活動をしている。「スクラップ&ビルド十八の法則」は創造活動の成果であるが、このなかのいくつかを「結びつける」ことで見えてくるものがある。たとえば、資金についてまとめた次の3つの法則を並べてみよう。

運転資金は少なくとも二割の余裕を持て（法則十五）

資金回転率を高めるために金を眠らせるな（法則十六）

質素倹約に励み余裕資金をつくれ（法則十七）

意味合いはそれぞれ異なるが、これらを結びつけたら経営マネジメントの指針となる。また、企業経営の血液であるキャッシュフローがいかに大事であるかということも理解できるだろう。

経営者はとにかく「木を見て森を見ず」ではいけない。事業が大きくなるにつれ、店長クラスは木を見ればよいが、経営者はそれぞれの木（店）も森（全体）も見なくてはいけない。そのためにキャッシュフローを基準にした「管理会計」が必要なのだ。

それぞれの木の成長を見ながら森全体のキャッシュフローの変化を見ることで、思わぬヒントや発想が生まれてきたりする。

30．自分がベストを尽くして何をするかなのだ

どんな分野の職業でも、自分の才能を開花させた人生舞台では、死ぬまぎわまで現役にこだわりたいものである。その世界の成功者と呼ばれて満足しているようでは、そこで人間としての成長は止まる。

いや、むしろ退化するだろう。

成功者を評価するのはいずれにしても他人だから、本人は情熱と向上心があるかぎり現役続行したいのだ。それは事業家においても同じことで、現役で事業をおこなっている以上、「これで成功した」という思いはないはずだ。

私もこれまで十数種の商売を手掛けてきて、失敗らしい失敗をしたことがないが、成功したとも思っていない。現役にこだわる芸術家や芸人が表現し続けるように、事業のなかで自己表現したいわけである。あと何年現役でいられるかわからないが、とにかく最後は悔いの残らない締めくくりをしたい。

事業がどれほど発展しても、成功者と言われても、共に喜んでくれる人が周りにいなければその人生は空しい。幸いにも私は、事業継承の憂いはなくなり、心配事といえば自分や家族の健康だけだ。ほんとうにありがたい人生を送らせてもらっていると、感謝にたえない。

これから起業する若い人たち、あるいは第二創業にチャレンジしようと思う人に、私が最後に言いたいことは、

「とにかく勇気をもってベストを尽くして、身の丈に合った商売を始めよう、そして人生を悔いないよう自分の舞台をつくろう」、ということだ。

大切なのは昨日のことではなく、今、自分がベストを尽くして何をするかなのだ。

◆資料編

著書5冊に見る時代変化

——全著作「はじめに」と「あとがき」

「はじめに」で述べたように、本書はこれまで私が出版した5冊の本を、「総集編」としてまとめたものである。

最初の本『失敗しない　起業の鉄則』の最終章では、「エンジェルの役割と夢」と題して、ベンチャー起業家への応援について書いているが、その思いは私の中ではずっと変わらないテーマだった。「起業の鉄則研究会」を十数年も続けてきたのも、5冊の本を出版したのもその思いからだった。

この資料編では、「エンジェルの役割と夢」を挙げたあと、全5冊の「まえがき」と「あとがき」を時系列でまとめることにした。

改めて読み直すと、時代・社会の変化とともに私のテーマも変わっていくのが垣間見える。しかし、ベンチャー起業家を応援したいという私の気持ちは全く変わっていない。

エンジェルの役割と夢（『失敗しない起業の鉄則』第7章より）

最近のアンケート調査によると、十代の青少年の70％が「努力しても自分の夢が叶うとは思えない」と答えているということに、私はショックを受けました。今の若者たちの多くが夢を持てなくなっているということは分かっていても、これほどだとは思わなかったのです。いまの日本社会の現状を見ると、その気持ちも分からないではない。しかし、私たちの時代には想像もつかなかった素晴らしい夢を持って羽ばたいている若者もたくさんいる。どんな時代でも、真剣に求めれば自分の夢は必ず見つかるのです。

自分の夢を改めて振り返ってみると、私は若いときから自分のライフサイクルプランを描き、試行錯誤はあったものの、それに向かって生きてきたと思います。

たとえば、10代、20代は「投資の時代」だと思い、勉強に励んでいました。大学時代は遊ぶお金も欲しかったけれど我慢して、多くの学生のようにアルバイトなどはほとんどしていない。サラリーマンになってからも学士入学して勉強を続けてきた。一時期は学者になろうと思ったほど、勉強の虫だったと思います。

そして30代半ばに独立してからは、とにかくお金を稼ごうと汗水流して働いた。そして40代には一応、商売の基礎を築いた。50代になり収穫時期を迎えたとき、いったんは沈没しかけたけれど、逆にそのおかげで第二の創業をして順調に成長させてきた。

そして60代半ばになった今は、社会還元の時代に入っている。70代になったら余生を楽しむというか、ただ自分のための人生を歩もうと思っていますが、それまでは、自分の得た経験やノウハウ、あるいは経済力を生かして、できる範囲で社会に恩返ししたいと思っています。

その一つの活動が、志のある若い人たちに対して、手を差し伸べていくエンジェルです。しかし現実は厳しく、手助けしてくださいと言ってくる人の中には、もう倒産しかけているので何とか助けてほしいという人が多いのです。はっきり言って、そんな人を助けても仕方がない。そういう救済はエンジェルの役割ではなく、国家のすることです。エンジェルというのは救済事業ではない、あくまでも人や事業の育成です。

第1作『失敗しない　起業の鉄則』（商業界　２００３年）

「はじめに」より

三十数年の商売人生を振り返ってみて、私はよくよく運に恵まれていたと思います。会社を辞めてゼロから商売を始めたとき、そして再びゼロになって「私のお針箱」や「甲南チケット」を始めた第二創業期においても、良き人との出会いや時流という幸運が味方してくれました。そのことは素直に感謝しています。

しかしこの幸運は決して棚からボタモチ式にいただいたわけではなく、常に自分の意思で判断し、商機をものにしたということも事実です。とくに幸運の商機は、ぐずぐずしているとすぐ逃げてしまうので、自分から果敢にアタックしないことには掴めません。ただし、せっかく掴んだ商機を、事業として成功させることができるかどうかは、また別の問題です。むしろ商機を掴んだ後の方が肝心なのです。

この十年来、私は関西ニュービジネス協議会のメンバーとして「起業育成委員会」に関わってきましたが、チャンスをものにしたベンチャー起業家たちの成功よりも、はるかに多くの失敗例を見てきました。それはなぜだろうと、いろいろ考えてみましたが、やはり失敗するには失敗するだけの原因があり、共通点があることに思い当たります。その共通点を一言でいうと、基本的な商売の法則を守っていないからだということです。

商売の形態や商品は、時代や社会のニーズによってころころ変わっていきますが、商売の法則はいつの時代においても変わらない普遍性があります。あたかも芝居の「回り舞台」のように、登場人物や風景は変わっても、基本は何ら変わっていないのです。

最近私は、「これからはエンジェルになる」と公言しているせいか、若い経営者たちにビジネス上のアドバイスを請われたり、商工会議所などが主催する経営セミナーの講師をする機会も増えてきています。そのとき私がいつも強調することは、「損得ではなく善悪の価値判断をもつこと、スクラップ&ビルドの法則を速やかに実践すること」、この二点です。職人的な商売はさておき、商売を事業として大きくしたいというのならなおのことです。

本書では、私自身の商売実践を踏まえながら、事業を

成功に導く商売人として身につけるべき法則、守るべき法則を分かりやすく述べたつもりです。これから脱サラして商売を始めようと考えている人、ベンチャー企業を立ち上げようとする人、あるいはチェーン展開や異業種転換をするのに悩んでいる人たちにとって、一つでも参考になることがあれば望外の喜びとするところです。

「あとがき」より

本書は、西宮市商工会議所で私の講演を聞いた平野智照氏から強く勧められたことがきっかけで出来たものです。彼は、出版の企画・編集をする「あうん社」という会社を経営しており、一度名刺を交わしたことがありましたが、その会場に来ているとは知らず、私はいつもの調子で早口に話していました。講演が終わるとすぐ彼が近づいてきて、単刀直入に言ったのです。

「とてもよかったですよ。何とか一冊の本にまとめてみてはいかがですか」

思ってもみない提案でしたが、翌日さっそく私の会社に訪ねてきて、このように言いました。

「よくあるような経営者の成功物語的な自伝をお勧めするわけではありません。これから起業したいと思っている人たちが参考になるような本です」

私はその一言で、心が動かされたのです。講演依頼を受けて話すのも、経営に悩む方や起業を目指す人たちに、少しなりとも参考にしてもらえたらと願うからです。

「はじめに」でも述べたように、私はここ数年、起業の失敗をたくさん見てきました。それはいまの日本経済にとって大きなマイナスであるばかりでなく、その人自身の人生においても、そのご家族や関係者においても不幸なことです。失敗は成功の基とはいうものの、とりかえしのつかない失敗、つまらない失敗は繰り返さないに越したことはないのです。

この本はあくまでも私の事業経験に基づいた、失敗しないための商売の基本と法則、成功するための具体的なノウハウです。我田引水になるかもしれませんが、本書に書いた法則を会社経営や起業に参考にされたなら、必ずや成功すると私は確信します。ただしそれも中途半端にではなく、基本・法則を守り徹底した実践をするという条件つきですが。

それにしても、優れたビジネス書は世に少なくありません。果たしてこれが本になるのかと思いつつ、原稿がおおかた出来たところで、いつもお世話になっている商業界の担当者にお見せしたところ、幸いにも出版を快く引き受けていただくことになりました。

出版のきっかけと企画構成にも協力くださったあうん社の平野氏をはじめ、拙著の出版を快く受けていただいた商業界の当時の社長であった高岡氏には改めてここにお礼申し上げます。

二〇〇三年夏

著者記す

第2作『小さな会社が　キャッシュフロー経営で儲ける法』

（日本実業出版社　２００５年）

「はじめに」より

成功とは失敗をしないこと

近年、キャッシュフロー経営という言葉が新聞や雑誌で目につくようになり、大企業においては常識にさえなっています。ところが、中小零細企業の創業者や若い起業家と真面目な経営談義をしていても、このことが話題に上ることはほとんどないのです。それが私には物足りなくも不思議に思えるわけです。

『失敗しない　起業の鉄則』（商業界）という著書を出版させていただいたのは、二〇〇三年の秋のことでした。そのタイトルどおり、起業成功率が低いのはなぜかというテーマを中心に、成功に導くための鉄則を示しています。私の三〇年間に及ぶ経営の体験から、基本中の基本をできるだけ具体的に述べたつもりです。拙著への予想外の反響には正直なところ驚きました。しかし、それからの一年間、講演などで拙著に関連する質問を受けるたびに、とくにキャッシュフローや資金回転率のことについて、まだ説明不足だったのかもしれないと思うようになりました。

そこで本書では、起業の成功のためだけでなく、事業拡大のプロセスにおいても重要な、キャッシュフロー経営とは何かを中心テーマに書いてみました。キャッシュフロー経営を実現する手法として、管理会計があります。それは会計の専門家がつくる難しいものではなく、経営者自身が企業戦略に沿ってつくる、経営判断の羅針盤というべきものです。スモールビジネスから事業拡大にステップアップするには、この管理会計をつくることが大切であり、本書で最も強調したいことの一つなのです。

成功とは失敗をしないことです。そういう事業の成功者には、共通点がいくつかあります。それはある種の法則といってよいもので、その法則に素直に従い実践することが成功への道につながるわけです。成功の法則を、頭で理解している限りは、いわば絵に描いたモチです。しかしそれを自ら実践してみて得心すると、法則は鉄則に変わります。

本書が、事業成功の法則を鉄則に変える一つのきっかけとなるならば、著者として望外の喜びです。

二〇〇五年八月

「あとがき」より

学者の道に進むか、それとも少年の夢を実現するか。

三十数年前、会社（川崎重工業）を辞めるとき、私はその選択に迷いました。その頃は学問的な研究（経営工学など）に深い関心をもっていたし、大学の恩師から大学に来るようにと勧められ、半ばその気になったのです。

しかし結局、「将来、社長さんになる」と自分に誓った少年の夢を選んだわけです。そう決めたとた

ん、私はほとんどの書物を読むことをぴたりと止めました。会社経営と学問研究はまったく違う世界であり、実際、本を読んでいる時間もないほど忙しくなりました。

だからといって、私は学問的な理論や知識を否定するつもりはありません。知らないより知っているほうがよいと思いますが、知識が豊富なだけに頭でっかちになることを戒めたいだけです。

私の周りにも経営理論にやたらと詳しい人たちがいますが、高度な経営理論を駆使したところで事業を成功させることはできないのです。むしろ評論家的な頭でっかちになりかねません。経営者に何よりも求められるのは、評論的な分析ではなく、熱い情熱とスピードある決断力なのです。小さなこと大きなことも、日々の判断と決断なくして前に進みません。

本書で繰り返し述べてきたように、私が一番伝えたかったことは、事業成功の鉄則とその具体的なノウハウ、そして事業への熱い情熱とロマンです。事業成功の秘訣は、基本的な鉄則の徹底追求、これに尽きるのです。

これから起業しようと思っている方、あるいは事業を伸ばそうと懸命に努めている中小企業経営者の方たちが、本書のなかに少しでもヒントを見つけ、事業発展に役立てていただけたら著者としてこれに勝る喜びはありません。

なお、本書の企画編集にあたり、あうん社の平野智照氏、日本実業出版社の中林傑氏には心より感謝いたします。

二〇〇五年七月

第3作『商人道に学ぶビジネスの鉄則』（マネジメント社　2007年）

「はじめに」より

この春（2007年3月）、私は甲南グループの一社「甲南チケット」を、M&Aによってオリコグループに譲渡しています。

「甲南チケット」は直営店舗数（37店）で業界大手というだけでなく、売上も利益率も他社を大きく引き離し、財務内容も知名度も評価されていました。そういう高い評価があればこそ、大手銀行を通じて上場企業二社からほぼ同時期にM&Aの話が持ち込まれたわけです。両者とも条件は悪くなかったのですが、結局、オリコグループの熱意のほうを選択することになりました。将来的にはわからないけれど、「甲南チケット」のブランド名はそのまま生かされることになっています。

M&Aまでの経緯については本書で詳しく述べていますが、私は5、6年前に「甲南チケット」の

上場を熟慮した末に止めています。しかしいずれは、上場もしくはM&Aによって、私自身がこの経営から離れないといけないと考え続けていたのです。

私には3人の子ども（娘と息子ふたり）がいます。息子のどちらかに「甲南チケット」を継いでもらうことも考えましたが、すでにこの会社は同族経営の限界を越えた企業に成長していました。

息子たちには息子の人生がある。上場してもおかしくない優良企業を息子に継がせて余計なプレッシャーを与えたくもない。息子たちが事業をするならするで、自分で新たに創業する気概をもってやってほしい。創業者として強くなってほしい。「甲南チケット」をいっそう発展させるためにも同族経営から卒業させ、広い市場に出したほうがいい。また私自身の年齢も考えて、いまがそのタイミングだと判断したわけです。

M&Aは短期間でできる上場と同じことです。上場によるキャピタルゲインはないけれど、「甲南チケット」がこれまで蓄積した企業価値が売れて創業者利潤に変わる。この売却資金を次の事業に転用するためにもジャストタイミングだったのです。

幸い、「甲南チケット」の信用力のおかげで設立した「甲南チケット」の業績は順調です。この事業にＭ＆Ａによる資金を投入するとともに、新たな企業を育てることも考えていました。

その新たな企業の一つがＩＴ関連の会社です。現代は車や家電やカメラなど、ほとんどの製品にコンピュータソフトが組み込まれており、ソフトの整合性が狂うと大変な事故につながり企業の存続さえ危うくなる。工場のラインで製品化する以前に、ソフトそのものをテスト検証して問題点を潰しておく必要があるわけです。甲南グループが投資するＩＴ関連会社は、ソフトの品質をテストして検証する専門企業で、最近急速に業績を伸ばしています。近い将来は関連企業の協賛も得て、独自の専門学校を創ることも視野に入れて動いています。

独立起業してから三十数年。ＩＴ関連会社に投資するのは初めてのことですが、私は常に新たな業種、新たなビジネスモデルに取り組んできました。どのようなビジネスであっても成功の鉄則、経営の基本は大きく変わるものではありません。しかし最近、ビジネスモデルの寿命はあまりにも短い。そこに現代経営の難しさがあり、経営者の手腕や人間力が問われてくるわけです。

本書では、経営者として商売人として守るべきモラルや哲学、成功する事業の鉄則のこと、変化の激しいビジネスモデルをどう変革していくかといったことを、私の経験とノウハウに基づいて述べています。これから起業する人たち、あるいは新たなビジネスの開拓、現業の飛躍発展を期す人たちが、ここに述べた鉄則や基本を実践すれば、かならず成功すると私は確信しています。

ただし言うまでもなく、事業を成功に導くためには経営者の哲学、熱い情熱と信念に基づく行動力が必要です。「成功とは、成功するまで続けることだ」ということを肝に銘じて、成功の鉄則を実践してください。

二〇〇七年八月

「あとがき」より

関西ニュービジネス協議会（ＮＢＫ）では、ベンチャー起業家のために「人・モノ・カネを貸しましょう」とさまざまな形で支援してきました。私もＮＢＫの常任理事として、またアントレプレナー支援代表世話人としてこれに関わってきましたが、いまひとつ成果が上がってこないのです。

なぜ、ベンチャー起業の成功率が低いのか。その点については本書でも触れていますが、ＮＢＫはこれまでの反省を踏まえ、近畿経済産業省とともに新たなシステムを数年前から導入しています。

それは「販路ナビゲーション」といって、開発商品や新規ビジネスの販路拡張を支援するものです。ベンチャー起業家たちが、ナビゲータとして登録された企業ＯＢの方たちに対してプレゼンテーションをして、その結果、企業ＯＢの誰かがそのビジネスに共感したら、販路拡張のためにお手伝いをするという仕組みです。雇用関係を結ぶのではなく、成功報酬による契約ですから、資金もノウハウも乏しいベンチャー企業家としては願ってもないシステムだと思います。企業ＯＢの方にしても自分の経験やノウハウを生かせるとあって好評で、このシステムによる成果は徐々に現れています。

ニュービジネス支援ということでは、「田舎ｄｅ起業研究会」もその一つです。

この研究会は、昨年末（２００６年）に私が呼びかけて発足したもので、ＮＢＫが「たんば・田舎暮らしフォーラム」を後援したことがきっかけでした。いまや全国の地方はどこも同様だと思いますが、高齢化・少子化・過疎化によってますます元気がなくなってきています。このフォーラムの事務局長であり、本書の企画編集をしてくれた平野智照氏の話によると、「最近は団塊世代だけでなく青年・中年層の間にも田舎志向が増えている。しかし雇用がない、職業選択の幅もないのがネックになっている。田舎で起業するのも難しい。企業家の智恵が借りられたら……」ということでした。

私はその話を聞いて、即座に「田舎ｄｅ起業研究会」を発足させ、平野氏にはこの会の世話人になってもらいました。

都市部への一極集中は経済の自然な流れであるとしても、地方が衰退することは決して好ましいことではない。中国やインドに進出しなくても、日本の地方でできる仕事はあるはずです。日本の社会全体の健康的なバランスをつくるためにも、雇用創出することで田舎も元気になってほしいと思うわけです。

全国初の試みとなる「田舎ｄｅ起業研究会」には、異分野のユニークな人材が集まりました。どの程度の貢献ができるかどうかは未知数ですが、やるからには国や自治体にも提言できる研究会にしていきたい。

私自身はＩＴ関連の会社を地方で興せないかと考えていました。ところがこの春に急なご縁があり、出石グランドホテル（兵庫県豊岡市出石町）のオーナーに就任することになりました。私には全く未知の世界ですが、地方活性化の拠点としてこのホテルの付加価値を高めていきたいと思っています。「甲南チケット」のＭ＆Ａによって、私自身は第三の創業に入ったと思っています。これからも体力気力のあるうちは現役として働きたい。そして少しでも世のため人のため、また次代の人たちのためにも役立つことをしていきたい。

ビジネスで生きるためには
今日は、昨日の今日であってはいけない。
明日は、今日の明日ではいけない。

これは私の持論であり、商人道としての信条です。

本書を読んだ方が一人でも多く、「よし、明日のために今からやってみよう」と元気を出していただけたら、著者として嬉しい限りです。そしてまた、新たなビジネスに挑戦して成功されますことを、心から祈念しています。

最後になりましたが、本書の企画・編集をしていただいたあうん社の平野智照氏と、出版を快く引き受けていただいたマネジメント社の安田喜根氏に深く感謝いたします。

二〇〇七年六月

第4作『あなたの起業　応援します』（コスモ21　２０１３年）

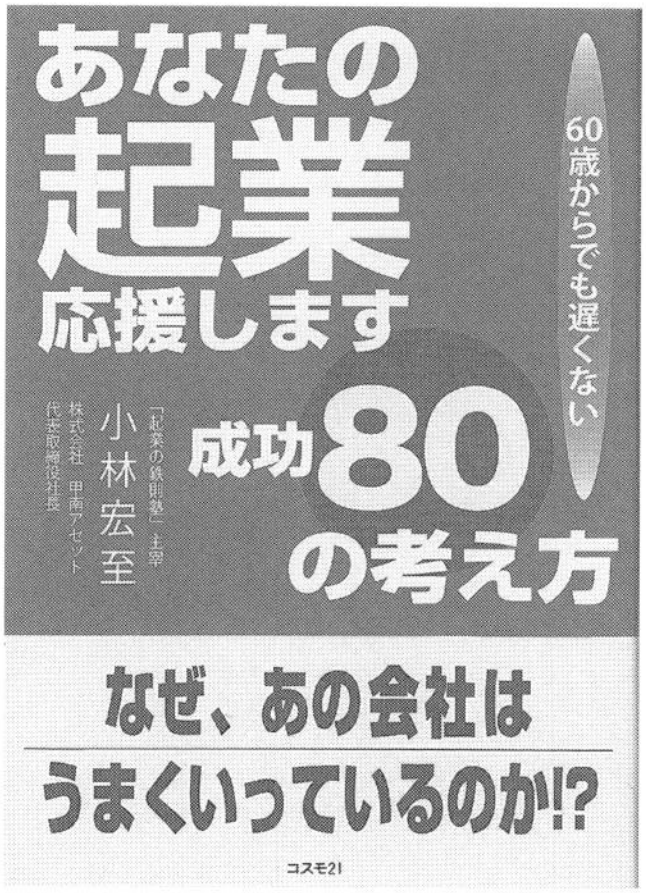

「プロローグ」より

高齢者というのは65歳以上からで、前期・後期・末期（85歳以降）という年代に分けられている。末期というのはいただけない言葉だが、それはともかく私は今、後期（75歳）に属する。老人には違いないが、気持ちはまったく少年のままである。

私のような高齢者は今後ますます増え続けるのではないだろうか。そんな思いからこの原稿を書いている。

平成のバブル崩壊以降、ますます少子高齢化か進み、景気も悪いので社会全体が何となく沈滞していた。国は、起業家を増やさなければいけないということで、法人設立の簡略化など法律の改正をおこなった。

その効果もあってかベンチャー起業がさかんになった。

しかし、起業成功の確率があまりにも低く、やがてベンチャービジネスという言葉そのものが〝失敗の代名詞〟のように思われるようになってしまった。

私は、関西ニュービジネス協会の常任理事として長年こうした状況を見ていたので、常々歯がゆい思いを抱いていた。そこで私は、ＪＲ神戸駅前の自社ビル（ファースビル）に神戸インキュベーションセンターを設立した。企業の巣立ち、すなわち自立までを支援しましょうというのが設立の目的だ。

そして２００３年、私の初めての著書『起業の鉄則』を出版してしばらくしてから、「起業の鉄則塾」も開くようになった。毎月、講師を呼んでわが社の会議室でさまざまなジャンルの商売・事業について勉強会を開いてきたが、早いもので今年（２０１３年）７月に１００回目を数えることとなった。

しかし、この「起業塾」の活動をはじめ、関西ニュービジネス協会での10年を振り返って最近つくづく思うことは、若い起業家がなかなか育たないという厳しい現実である。社会が物質的に豊かになったことに比例して、夢と志のある若い人材が少なくなり、起業家を育てる社会の土壌そのものも痩せていったからだ。

少年の夢から起業家は育つというのが私の持論である。したがって、その夢を育てるためには学校教育から根本的に変えていく必要があるが、同時にまた、少子高齢化の現実も視野に入れて起業家を育てるべきだろうとも思う。

そのためには人口がもっとも多い団塊世代前後のパワーをもっと活用する必要がある。人生八十年と言われる今日、この世代はまだまだ若いし、経験知識・技術をこのまま眠らせてしまうのはあまりにももったいない。本人はもとより国全体においても大きな損失だ。

私は、35歳で会社を辞めて起業した。そして25年後に第二創業して、まったく新たなビジネスモデルにチャレンジした。十数年で年商２００億円を超える会社に育てあげ、Ｍ＆Ａでその会社を売却した後、現役引退のこともちらっと頭をかすめたが、そこから更に68歳で第三創業をして新たな事業（甲南アセット）を興し、現在に至っている。

夢と志があるかぎり企業家に引退はない。だから、会社でリタイアを迎えた世代の人たちも、夢と志があるなら、自らの経験やノウハウ、人脈などをフルに活かし、今から奮起して独立起業してほしいのだ。若い起業家の成功率があまりにも低いという理由からだけでなく、この世代の人たちにはまだ実現していない「少年の夢」が数多くあるはずとも思うからである。

若くても心が老いていれば老人であり、肉体が衰えていても心が若々しければ立派な青年なのだ。ひと昔前の60歳は老人だったかもしれないが、今の60歳は違う。自ら「引退」を急ぐにはあまりも惜しい。60歳からでも決して遅くはないのだ。

そこで本書では、これから起業を志す若い人たちだけでなく、リタイアを迎えた世代、あるいは今事業をやって伸び悩んでいる人たち、そしてまた第二創業を思案している経営者たちのことも視野に入れて書くことにした。

現在の商売で何とか食べているけれど、どうしたらここから一歩踏み出し、事業として発展させることができるのか。そう思い悩んでいる経営者が実に多いからだ。

商売というのは、起業して軌道に乗せるのも大変だが、そこからさらに発展させるのも、別の意味で大変なエネルギーがいる。しかし、本書に書いてある「実践から生まれた起業&事業成功の鉄則」と商人道をしっかり守ってやれば、かならず成功させることができる。現に私がそうやってきたのである。

成功できるかどうかは本人のモチベーションや情熱、夢の持ち方にかかっている。

日本という素晴らしい国に生まれたことは、それだけでも幸運なことだと私は思う。まず両親に感謝しよう。環境に恵まれていないのなら、むしろそれをバネにしよう。そして、せっかくいただいたその幸運を活かし、少年の夢と志のある人たちが一人でも多く立派な起業家として成長してくれることを心から願っている。

あなた自身の人生ため、そして日本のために。

２０１３年７月13日　起業の鉄則塾１００回記念の日に

※「あとがき」はなし

第5作『起業の鉄則塾』（あうん社　2019年）

監修：小林　宏至　起業の鉄則研究会編

「はじめに」より

本年（平成31）の1月10日、私は長年胸に温めていた振興財団を設立しました。一般財団法人小林起業振興財団というのがその正式名称です。

この名前のとおり、これからの起業家を支援する財団であり、地域経済の発展に寄与することを「目的」に、次の4点を「事業」として定款に記しています。

（1）アワードによる起業家への賞金授与
（2）起業家への支援
（3）企業経営に係る相談等
（4）その他この法人の目的を達成するために必要な事業

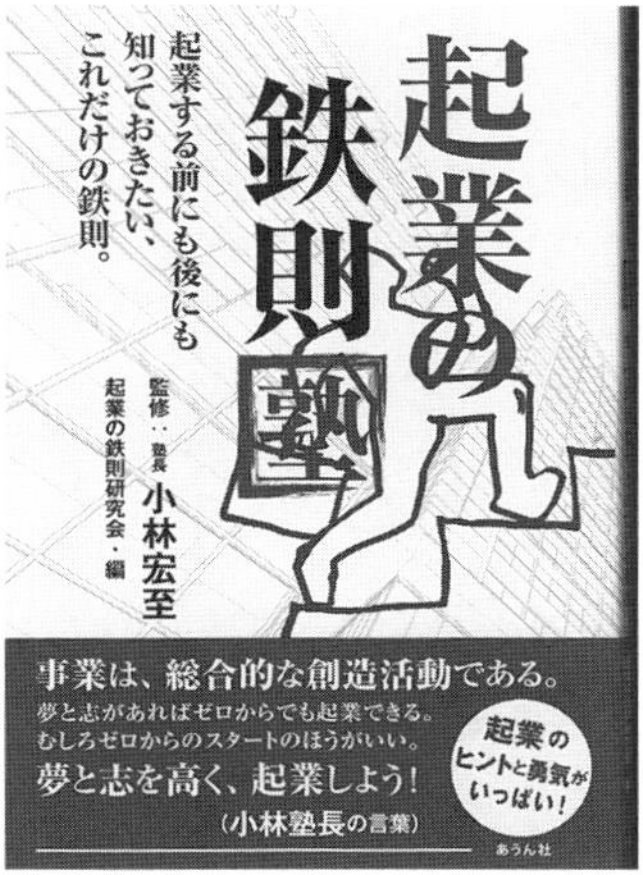

アワード（award）は、有能な人材や新人発掘の手段・方法として、様々な分野でおこなわれています。私が副会長を務める関西ニュービジネス協議会（NBK）にお

いても毎年アワードを開催し、公開プレゼンテーションの形で審査し、優れたビジネスモデルやビジネスのアイディア、新規開発製品などに対して賞金を授与してきました。私はその審査員も長い間務めてきたのですが、受賞したビジネスモデルや新製品がその後どうなったのかというと、残念ながら、それらが市場のなかで大きく展開しているといった話が私の耳に入ってきません。ＮＢＫのアワードの審査員をしているだけに、私は忸怩たる思いにかられてしまうのです。

私はこれまで4冊の本を出版してきました。その中で繰り返し言っていることの一つが、次の言葉（鉄則）です。

――「魚のいる池で釣りをする」のは商売のイロハである。

このことについては本書でも述べていますが、「魚のいる池」というのは、市場（池）にニーズ（魚）があるという意味に他なりません。そういう池ではライバル（釣り仲間）が集まり競争も激しいけれど、切磋琢磨する競争がなければ発展性がありません。競争相手のいない池には魚（ニーズ）も少ないからです。いたとしても大きな釣果（成果）は期待できません。

シーズというのは潜在的ニーズです。シーズを開拓してニーズに変えていくには大企業のように相当な資金力がなければ難しいのです。ベンチャーやニュービジネスとして注目を集めた起業家が、いつの間にか市場から消えてしまうのは、シーズにこだわりすぎた結果だと、私は見ています。

起業するときに大事なことは、まずニーズを見極めてスタートすることです。それが起業の鉄則の一つですが、起業する前にも後にも知っておくべき鉄則の詳しいことは、本文をお読みください。

小林起業振興財団では、「アワードによる起業家への賞金授与」を事業の一つとしておこなっていきますが、今年はその第1回目です。私が審査するポイントの一つは、ニーズをしっかり把握したビジネスモデルなのか。そして、そのニーズに対してどのように対応し、どのように社会貢献できるのかといったことです。

刻々と変化する現代社会には、さまざまな課題や問題があり、そこにはさまざまなニーズがあります。そのニーズに対して、信頼性・継続性のあるビジネスモデルで応えていくのが起業家の役割であり使命です。

本書は、平成16（２００４）年に私が始めた「起業の鉄則研究会」が15年間で１５０回目を迎えたことから、その節目の記念として発刊するものですが、生涯現役の私は体が動くかぎり、２００回、３００回と研究会を続けていくつもりです。私自身の事業に関しては「１００段の階段の5段目くらいだ」とも言っています。

事業は、総合的な創造活動です。これから起業する人たちが、本書を読んで勇気づけられ、あるいは何らかのヒントを得て、ビジネスの創造と発展に役立ててもらえたら嬉しい限りです。

平成三十一（二〇一九）年一月吉日

監修者　小林　宏至

「あとがき」より

私の4冊目の著書『あなたの起業応援します　成功80の考え方』が発行されたのは平成25（２０１３）年10月でした。この年7月に「起業の鉄則研究会」１００回目を迎えたので、その記念にと関係者から出版を勧められたのです。

それから早や5年が経過し、一昨年（２０１７）の12月には１５０回目が開かれた。これまで講師になった方は延べ３００人以上、参加者は3千人にのぼります。

「これを機に原稿を募って記念誌を出しましょう」と再び研究会のメンバーから言われ、私は少し躊躇しましたが、皆さんが喜ぶのであればと考え、この提案を受け入れました。ただ、記念誌というのは身内の同人誌といったイメージがあるので、そういう本にならないようにとだけ提案者（編集委員）には要望しておきました。

この度私は外野席にいて執筆していませんが、各章の執筆者のテーマに即して、私の著著の中から「塾長講義録」が編集者によって選ばれるという形になりました。私は編集途中のゲラ原稿を読みながら、「なるほど、こういう編集もありかな」と納得した次第です。第8章の「名言名句99」は、私が信条とする言葉も多く、事業化というのは夢と志を高く持ち続け、それが信念にもなっていると改めて感じ入りました。これから起業しようとする人は、こうした言葉の力を支えに頑張ってほしいものです。

「起業の鉄則研究会」１００回目から１５０回までの約4年6カ月間、世界情勢も日本社会も大きく様変わりしましたが、起業・事業に対する私の考え方やスタンスはほとんど変わっておりません。第三創業に当たる「甲南アセット」の業績が順調に伸びているということもありますが、「起業の鉄則」という本質的な考え方については、私の中では特に変化はない、ということです。

ちなみに私の4冊目の著書、『あなたの起業応援します　成功80の考え方』を読み直しても、加筆訂正したいことは見当たりません。私は外野席に座ったまま、本書の編集者に任せきりでいられたのは、そういう事情もあったからです。

『あなたの起業応援します』のプロローグに、こう書いています。

「私は、35歳で会社を辞めて起業した。そして25年後に第二創業して、まったく新たなビジネスモデルにチャレンジした。十数年で年商２００億円を超える会社に育てあげ、Ｍ＆Ａでその会社を売却した後、現役引退のこともちらっと頭をかすめたが、そこから更に67歳で第三創業して新たな事業（甲南アセット）を興し、現在に至っている。

夢と志があればゼロからでも起業できる。むしろゼロからのスタートのほうがいい。

夢と志があるかぎり企業家に引退はない。だから、会社でリタイアを迎えた世代の人たちも、夢と志があるなら、自らの経験やノウハウ、人脈などをフルに生かし、今から奮起して独立起業してほしいのだ。……」

最近は、「働き方改革」ということで政府もいろいろと政策を講じていますが、起業家精神というのは、そうした社会・時代の変化とは関係なく、燃えるような志と夢をもって、自ら奮起して自らの「働き方」を決めるものです。本書の名言名句にも見るように、創業者（経営者）に共通するのは大きな夢と志、あるいは強い信念と哲学です。

私は今年で満81歳を迎えましたが、これからも体力気力のある限り「起業の鉄則」に準じて、事業の夢を追い求めていくつもりです。

起業を志す人に、あるいは事業を大きくする夢を抱く人において、本書が少しでも励みとなり役立てることができればこれにまさる喜びはありません。

夢と志を高く、起業しよう！

平成三十一年二月吉日

起業の鉄則塾・塾長　小林　宏至

起業の鉄則研究会 172回の講師とテーマ

回	月　日	講　師		テーマ	会場
平成16年					
第1回	5月8日	小林宏至塾長	㈱甲南アセット代表取締役	ベンチャー企業は何故成功率が低いのか	神戸駅前パルオフィス
第2回	6月12日	小林宏至塾長	㈱甲南アセット代表取締役	少年の夢と志	神戸駅前パルオフィス
第3回	7月10日	小林宏至塾長	㈱甲南アセット代表取締役	ベンチャー企業は何故成功率が低いのか	神戸駅前パルオフィス
第4回	9月11日	小林宏至塾長	㈱甲南アセット代表取締役	第二創業を学ぶ～商売変革への実践	神戸駅前パルオフィス
第5回	10月9日	小林宏至塾長	㈱甲南アセット代表取締役	スクラップ＆ビルド18の法則①～人の生かし方	神戸駅前パルオフィス
第6回	11月13日	小林宏至塾長	㈱甲南アセット代表取締役	スクラップ＆ビルド18の法則②～事業の立ち上げ方	神戸駅前パルオフィス
第7回	12月11日	小林宏至塾長	㈱甲南アセット代表取締役	スクラップ＆ビルド18の法則③～資金の生かし方	神戸駅前パルオフィス
平成17年					
第8回	1月8日	小林宏至塾長	㈱甲南アセット代表取締役	商人道に生きる①	神戸駅前パルオフィス
第9回	2月12日	小林宏至塾長	㈱甲南アセット代表取締役	商人道に生きる②	神戸駅前パルオフィス
第10回	3月12日	小林宏至塾長	㈱甲南アセット代表取締役	近代経営とエンジェル	神戸駅前パルオフィス
第11回	5月14日	小林宏至塾長	㈱甲南アセット代表取締役	失敗しない起業の鉄則	ファースビル
		上島　健二氏	㈱iTest	ディスカッション	
第12回	6月11日	小林宏至塾長	㈱甲南アセット代表取締役	甲南チケットの管理会計システムについて	ファースビル
第13回	7月9日	大村　邦年	㈱大村商事社長	アパレル業界の動向と私のベンチャー的経営	ファースビル
		門田　隆代		メンバーからのプレゼンテーション	
第14回	9月10日	大川真一郎	大川創業㈱社長	熱いチャレンジ精神と私の経営哲学～私の失敗24～	ファースビル
第15回	10月8日	松本　茂樹	みなと銀行相生支店長	現役支店長が語る、金融よもやま話	ファースビル
第16回	11月12日	植田貴世子	㈱クラッシー社長	コンシェルジュサービスが創る思いやりの町	大開ビル
第17回	12月10日	小西　一彦	追手門学院大学教授	流通機構の変化と新しい経営	大開ビル

回	月　日	講　師		テーマ	会場
			平成18年		
第18回	1月14日	赤松　秋雄	古野電気㈱顧問	神戸ホスピタリティ都市機構	大開ビル
第19回	2月18日	岡　二郎	㈱シースカイ社長	私の脱サラ、㈱シースカイ設立体験談	大開ビル
第20回	3月11日	実践編最終回 小林　宏至	㈱甲南アセット 代表取締役	小林塾長の総括講和	大開ビル
第21回	5月13日	三宅　雄太		キャッシュフロー　徹底研究	大開ビル
第22回	6月10日	大西　泰鄰	大西経営事務所 所長	新会社法研究会①	大開ビル
第23回	7月8日	神吉　正弥	近畿経済産業局販路ナビ事業アドバイザー	販路マッチングナビゲート事業について	大開ビル
第24回	9月9日	江村　公一	㈲萬歳一楽　社長	ビジネスの盛衰を決める社名、社印、実印の実務とその大切さについて	大開ビル
第25回	10月14日	平野　智照	㈲あうん社代表	『たんば田舎暮らしフォーラム』の報告及び、『田舎で起業フォーラム』の実施について	大開ビル
第26回	11月9日	松本　茂樹	㈱アシストワン社長	私が起業した理由	大開ビル
第27回	12月9日	小林　宏至 （塾長）	㈱甲南アセット 代表取締役	起業の成功はビジネスモデルの構築から	大開ビル
		武田　豊	㈱市姫商事　社長	第三の貨幣：ポイントマイレージについて	
			平成19年		
第28回	1月13日	大西　泰鄰	大西経営事務所 所長	新会社法研究会②	大開ビル
第29回	3月10日	中村　政温	中村政温公認会計士事務所	ベンチャー企業のキャッシュ・マネジメント	大開ビル
第30回	5月12日	小林　宏至 （塾長）	㈱甲南アセット 代表取締役	甲南チケットのＭ＆Ａについて	大開ビル
第31回	6月9日	平野　智照	㈲あうん社　代表	『田舎de起業研究会』の経過報告と地域資源活性化	大開ビル
第32回	7月14日	赤松　秋雄	古野電気㈱　顧問	兵庫の異色企業・古野電気の歴史と企業風土について	大開ビル
第33回	9月8日	北本　光峰	東洋易学研究会	松下幸之助の成功に学ぶもの	大開ビル
第34回	10月13日	森本　直之	もりもと特許事務所　所長	ベンチャー企業のための知的財産戦略 ～ビジネスを効果的に守るために～	大開ビル
第35回	11月10日	石黒　周	関西次世代ロボット推進会議	ロボットテクノロジーをビジネスに活かす！	大開ビル

回	月　日	講　　師		テーマ	会場
平成20年					
第36回	1月12日	福井　啓介	㈱天啓　社長	携帯電話サイトによるアンケート調査のデータ活用事業と大発ベンチャー企業立ち上げについて	大開ビル
		日笠　惠輝	㈱日笠建設　社長	アート舗装と緑化計画	
		鄭　剣豪（ゲスト）	剣豪集団㈱代表取締役社長	中国の風を読む	
第37回	2月9日	李　泰翁	㈱ギガデータシステム　代表取締役	日本の携帯電話業界の抱える問題と将来の展望	大開ビル
		加藤　泰史	兵庫信用金庫	金融機関から見た優良企業とそうでない企業	
		北本　光峰	東洋易学研究会理事長	運命学から見たあなたの未来	
第38回	3月8日	倉田　治彦	倉田社会保険労務士事務所　所長	社会保険労務士からの耳寄りな情報	大開ビル
		真造　豊久	真造事務所	成長する社長の条件～成功した社長たちの意外な素顔～	
第39回	4月12日	藤井　宏一	㈲ユートピア創研代表取締役	海外ファンドについて	大開ビル
		山本　茂史	Vingt et un代表	インターネット・ＨＰの有効活用のポイント	
		芳崎　広	㈱イー・メディア	ＱＲコード、バーコードに変わる次世代のデファクト・スタンダード・カラーコードＴＭ	
第40回	5月10日	神吉　正弥	㈱iTest　社外取締役	中小企業の販売における課題と解決策	大開ビル
		成田　総雨	㈱サスティーン代表取締役	サスティーンの挑戦	
		松本　茂樹	㈱アシストワン代表取締役	日中ビジネスの展開について	
第41回	6月14日	今岡　重男	芦屋大学　経営教育学部教授	関西でビジネスをする人のための大阪学～大阪船場の歴史・経済・商道学問所のあれこれ～	大開ビル
		小川　晃司	㈱ジーベック　代表取締役	環境ビジネスと弊社の取り組み～来るべきエネルギー危機に備えて～	
		北本　光峰	東洋易学研究会理事長	ヘッジファンドの発足に際して	
第42回	7月12日	松本　茂樹	㈱アシストワン代表取締役	台湾とのビジネスチャンスについて	大開ビル
		神吉　正弥	ＮＰＯ法人商縁プラザ　理事長	誰でもホームページ『Hit&Run』	
		鄭　剣豪	㈱剣豪ジャパンアジアビジネスセンター代表	㈱剣豪ジャパンアジアビジネスセンター-の設立について	

回	月 日	講 師		テーマ	会場
第43回	8月9日	長田　一郎	㈱ホロニック	7つのホロニックスピリッツ～ホロニック社が理念とする7つのホロニックスピリッツ～	大開ビル
		北本　光峰	東洋易学研究会理事長	易学-21（2009）年鳳凰歴	
		小林　徹	㈱Cure 代表取締役	メタボリックシンドロームにビジネスチャンスを見出す！	
第44回	9月13日	みやざき　あゆみ	アトリエ　LEAF　NOTE	「パーソナルカラーを営業に生かす」～好印象につなげる第一印象カラーセミナー	大開ビル
		松井　隆行	㈱ライセンス・ジャパン	モンドセレクションのご案内～モンドセレクションを食品メーカーのマーケティングに生かす～	
第45回	10月11日	宮本　正一	医療・健康問題研究所	医学博士のダイエット　ダイエット産業のウソ・ホント	大開ビル
		松本　茂樹	㈱アシストワン	『国際疲労学会2008』の報告	
第46回	11月8日	半澤　忠之	関西テレビ放送㈱	関西テレビ局内　見学	関西テレビ
第47回	12月13日	竹本　公士	㈱エイアイシー 代表取締役社長	～不況だから売れる～世界初のインクジェットプリンターとオンデマンドプリントについて	大開ビル
		大澤　邦章	㈱オーシャンネットワーク　代表取締役	～街の飲食店を元気にする～『プロの宅配システム』による街の飲食店活性化支援事業	
		田村　満喜	オオスラー㈲　代表取締役	ごみ戦争	
平成21年					
第48回	2月14日	藤岡　俊雄	㈱シーエフエス 代表取締役	携帯は通信の道具から経営戦略ツールへ	大開ビル
		松本　茂樹	㈱剣豪ジジャパンアジアビジネスセンター副社長	㈱剣豪ジャパンアジアビジネスセンターの設立報告	
第49回	3月14日	米澤　秀夫	㈲創実　中小企業診断士	海南省の中小企業と今後のビジネスの可能性	大開ビル
		ディン　ジャバック	エバーラスティング㈱　代表取締役	日本とベトナムの架け橋になる	
		松本　茂樹	㈱剣豪ジャパンアジアビジネスセンター副社長	ベトナムについて	
第50回	4月11日	永峰　麻紀	㈲スタイルス　代表取締役	患者視点による医療・マーケティング及び生活サービス提供事業について	大開ビル
		中山　和子	ビオファーム合同会社　代表取締役	ビオファームを活用した地域活性化について	
第51回	5月9日	河口　正隆	河口マッチング事務所　代表	Social Enterprise　社会企業の設立への夢	大開ビル
		芝本　絹子	㈱理健代表取締役	水からできる健康づくり	

回	月　日	講　　師		テーマ	会場
第52回	6月13日	大西　泰鄰	大西経営事務所	不況に負けない経営力をつける ～上手な資金の作り方～	大開ビル
第53回	7月11日	銭本　紀洋	㈱ライフルーツ 代表取締役	起業の経緯と私の夢	大開ビル
		石田　信夫	エデュケーションネット ワークス㈱代表取締役	「個別学習セルモ」について	
第54回	9月12日	辻　美也子	社会保険労務士	事業主様に知っておいて頂きたい助成金 ～新設助成金から活躍しやすい助成金までを開設～	大開ビル
		吉田　隆行	吉田コンサルタント事務所　所長	現役経営コンサルタントの気付き「戦わずして勝つ！」	
第55回	10月10日	松本　茂樹	㈱アシストワン 代表取締役	農商工連携と地域資源活用の研究	大開ビル
		春名　竜太	タイアップ代表	大阪・奈良ブロックからの報告・お知らせ等	
第56回	11月14日	松尾　悦子	かーふカンパニー代表	環境循環型地域活性化の取組み	大開ビル
		北本　光峰	東洋易学研究会 理事長	ニュービジネスのご提案	
第57回	12月12日	杉本　明浩	太成水産　代表取締役	マグロ市場の仕組みと新しい取組みについて	大開ビル
			平成22年		
第58回	1月16日	中村　政温	中村公認会計事務所　所長	儲かる会社にするための会計	大開ビル
第59回	2月13日	平野浩太郎	神戸大学・神戸芸術工科大学 神戸芸術工科大学名誉教授	ITビジネスのアイデア創出に向けて	大開ビル
第60回	3月13日	重森　貴弘	㈱ミレニアムダイニング　代表取締役	人生の転機はいつも失敗の先に転がってんねん	大開ビル
第61回	4月10日	北村　純一	㈱専工社　代表取締役	60年の人生を振り返って	大開ビル
第62回	5月15日	淺野　寿夫	社会保険労務士法人ALLROUND	雇用調整助成金・中小企業緊急雇用安定助成金	中之島ビル
		小林　宏至 （塾長）	㈱甲南アセット 代表取締役	不動産事業を手掛けてーレンタルオフィスへの挑戦	
第63回	6月12日	松井めぐみ	I＆Nカンパニー	あなたをキレイにしたい	大開ビル別館
第64回	7月10日	山下　隆弘	㈱プロアアクティブ	優れたWebアプリケーションシステムとOEMで事業展開を図りたい	中之島ビル
		松本　茂樹	㈱アシストワン 代表取締役	フォーブス長者番付に見る経済勢力の変遷	
第65回	8月7日	脇田　正男	脇田建築事務所	世界に貢献する耐震システム	大開ビル別館
第66回	9月11日	有本　哲也	㈱デジタルアライアンス代表取締役	エクステリア、外溝などお庭周りの工事をインターネットで概算見積もりできるシステムによる全国工事付対応について	中之島ビル
		高田　雄生	リ・ブランディング	戦略的ブランドマーケティング	

回	月　日	講　　師		テーマ	会場
第67回	10月9日	中村　宏臣	医療法人社団　健裕会 中村医院医院長	チーム・バチスタの栄光　医療の光と影	大開ビル別館
第68回	11月13日	小西　一彦	追手門大学　経済学部教授	21世紀の新世紀は1980年から始まった。アイデアの創出と新規事業計画書　一方法と実践一	中之島ビル
		石原　由実子	JUMPS代表	元気力　～チアで関西を元気に～	
第69回	12月11日	岸本　聖	㈱ジュエリーアート　代表取締役	宝石画で蘇る日本画とアールヌーボーの世界	大開ビル別館
平成23年					
第70回	1月15日	上島　健二	㈱iTest　代表取締役	検証の高度化への取り組み	中之島ビル
第71回	2月12日	永井　秀一	㈱名古屋製作所	弊社の独自ＬＥＤランプについて	大開ビル別館
第72回	3月12日	山本由美子	ＩＴＹ㈱　代表取締役社長	高利益体質へ変換した企業の情報活用事例とインターネットマーケティングの活用事例	中之島ビル
		垂井　伸哉	エスティートレーディング㈱代表取締役	レアメタル市場の現況について	
		堀部　武司	㈱セールスレップコラボ代表取締役	すべての源は心から始まる！売れないものを売る！	
第73回	4月10日	北野　正博	㈱北野商店　取締役社長	経営の錬金術～スピリッツは一つ、蒸留酒の伝播～	大開ビル別館
第74回	5月15日	高畑　直史	チャイナ・コネクト	企業の求めるグローバル人材を求める	中之島ビル
		田中　桂子	クラスアプレシエ	相手を惹きつけるプレゼン術	
第75回	6月12日	飛岡　健	(神戸国際大学　学術研究会主催）現代人間科学研究所	変わりゆく日本～東日本大地震を境に～	神戸国際大学よりあいクラブ食楽
		西村　明吉	㈲神戸国際システム	アサヒスーパードライの事例における戦略チェーンプログラム	
第76回	7月10日	中田真城子	えぬぷらす代表	セカンドラボトリーとデザイナーズショーハウスの取組みについて	中之島ビル
		高松　洋	工学博士	福島原発事故とその背景	
第77回	8月7日	松本　茂樹	㈱アシストワン代表取締役	姫路で開催されるＢ1グルメの内容とＢ級グルメによる地域活性化	大開ビル別館
		北本　光峰	東洋易学研究会	宇宙の真理を知り天下を取った男達	
第78回	9月11日	小林　宏至（塾長）	㈱甲南アセット代表取締役	塾長講和	中之島ビル
		土佐　浩史	ビーナスアセット コミュニケーションズ	円高はどこまですすむか	
第79回	10月9日	大谷好太郎	㈲サンテック代表取締役	失敗からの起業	大開ビル別館
第80回	11月13日	山野　暖佳		眠っている免疫力を摩擦全身マッサージで高めると健康や美容に効果があがる	中之島ビル
		北本　光峰	東洋易学研究会理事長	宇宙の真理を知り天下を取った男達	

回	月　日	講　　師		テーマ	会場
第81回	12月11日	春名　竜太		40分で150万稼ぐビジネスの種の蒔き方	大開ビル別館
		竹内　英二	食生活アドバイザー食ヘルスコーチ	食は命の土台！食事で治せない病気は医者でも治せない	
平成24年					
第82回	1月15日	大西　泰鄰	大西経営事務所　代表	不易流行という言葉をめぐって	中之島ビル
		千賀　貴司		①本年の課題について「民度革命のすすめ」(紺野大介著)②「ベンチャー経営の手引き」の紹介「事業計画作成とベンチャー経営の手引き」(総務省)から	
第83回	2月19日	岡田　敏明		ドラッカーから、今、何を学ぶべきか	大開ビル別館
		千賀　貴司		安岡正篤哲学から導かれる経営的視座	
第84回	3月10日	松永　孝三	認定コンプライアンス・オフィサー、株式会社セールスレップコラボ企業法務研修担当	企業の社会的責任を考える ①小林塾長の言葉「損得より善悪」から学ぶコンプライアンス・企業の社会的責任論（CSR）・接続可能性 ②なぜオリンパス株式会社・大王製紙株式会社において企業統括（コーポレート・ガバナンス）が機能しなかったのか	中之島ビル
		田島　一志	田島公認会計士事務所代表 公認会計士・税理士	コーポレートガバナンスに関する取り組みとその有効性 ①上場会社において ②監査法人の監査において ③企業不正は上場会社だけのことか	
第85回	4月14日	大和　幸男	有限会社アールアイティ代表取締役	関西発！セールスレップビジネスモデルの確立に向けて」(RFID 業界を例としたセールスレップ活動への模索)	大開ビル別館
		家木　健至	家木公認会計士事務所公認会計士・税理士	社長を盛り立てる組織作りを考えよう	
第86回	5月12日	久保多貞夫	ケイ・ビジネスサポート代表	中小企業における人財育成	中之島ビル
		金谷　善夫	関西師友協会参与、南河内照隅会会長	今に活かす澁澤精神【論語と算盤】	
第87回	6月9日	梶浦　正憲	株式会社サンテレビジョン技術部長	まずはテレビで詳しくはwebで！～情報の地産地消　地元のサンテレビを使ってみませんか？	大開ビル別館
第89回	8月11日	柳　雅弘	ＭＹソリューション合同会社　代表	「お金をなるべくかけない販促プロモーションで業績ＵＰ！」～支援者という名の起業家が、創業ならではの産みの苦しみを存分に味わった1年。倒産の危機から劇的な成果を手にしたプロセスをお伝えします～	大開ビル別館
		金子　真澄	金子真澄税理士事務所代表　税理士	平成24年度改正税法-所得、法人、消費などの税目の改正項目をわかり易く解説	

回	月　日	講　　師		テーマ	会場
第90回	9月8日	大久保良雄	キャリア特待館代表取締役	少子化時代における大学経営戦略について	大開ビル別館
		松本　茂樹	関西国際大学地域研究所長、神戸ベンチャー研究会代表世話人、ＮＢＫ理事	ソーシャルビジネスのすすめ	
第91回	10月13日	森岡　賢行	株式会社ボンズメディカル取締役、体幹チューニング大阪専門学校学院長	体幹チューニングとは～そのビジネス展開の可能性	大開ビル別館
		藤田　昌三	電子遺言バンク株式会社代表取締役	想いをリアルに届ける新しい形…電子遺言	
第92回	11月10日	生島　大嗣	アイキットソリューションズ代表	日本の家電が負け組になった本当のワケ～これからのビジネスの組み立て方を考える	大開ビル別館
		北本　光峰	東洋易学研究会理事長	松下幸之助の教え…起業成功の秘訣！知らなくてもいいです…が	
第93回	12月8日	清水　雅樹	ＭＢＡパートナーズ社労士事務所代表、MBA・特定社会保険労務士	経営者としての労働問題～最近の特徴的な動向から	大開ビル別館
		新名　史典	株式会社Smart Presen 代表取締役	プレゼンテーション」という切り口のビジネス～ソーシャルネットワークの時代だからこそ できる起業スタイル～	
平成25年					
第94回	1月12日	垣内　重慶	株式会社デジタルマックス代表取締役社長	電子カタログの現状、ペーパーレス化、 業務効率化への取り組み	大開ビル別館
		小林　宏至	㈱甲南アセット代表取締役	『新年講話』	
第95回	2月9日	今里　秀穂	㈱F-seed代表	これからの起業スタンス	大開ビル別館
		参加者自己紹介		参加者全員で約３分程度の近況報告と自己紹介	
		北本　光峰	東洋易学研究会・理事長	宇宙時計のはなし	
第96回	3月9日	栗木　隆之	㈱ホロスプランイング／ＦＰアセットデザイン㈱代表取締役	継承の具体的事例研究から見た～起業の発展と継続～	大開ビル別館
第97回	4月13日	大津　良司	知能技術㈱代表取締役	起業の理由とNBK大賞大阪ブロック賞までの道のり	大阪駅前第一ビル
		山下　和貴	株式会社ヴァロール代表取締役社長	植物（＝万物の源）と向き合う事業展開	
第98回	5月11日	窪田　勲	証券アナリスト	わかるなっとく！経済の動きとドル／円相場の関係	大開ビル別館
		土佐　浩史	（㈱ヴィーナスアセットコミュニケーションズ）	アベノミクスは本物か	

回	月　日	講　　師		テーマ	会場
第99回	6月8日	河野万里子	株式会社色彩舎代表取締役	世界の共通語のカラーをビジネスに取り入れるには！持ち物の色からわかる顧客思考＆行動パターン	大開ビル別館
		堀部　武司	株式会社セールス　レップ　コラボ代表取締役	夢を実現する ～人間は考えを現実のものに出来る唯一の生き物である～	
第100回	7月13日	小西　一彦	西和総合研究所株式会社　代表取締役	ビジネスモデル競争の時代	大開ビル別館
		小林　宏至	㈱甲南アセット代表取締役	起業の鉄則研究会　100回を振り返って	
第101回	8月10日	正木　京子	有限会社メディオ・マサ　代表取締役	おかげさまとPay it Foward（ペイ・フォワード）	大阪駅前第一ビル
		大松沢嗣幸	西宮フットボールクラブ　理事長	企業人としてのアマチュアスポーツ選手	
第102回	9月14日	森門　隆寿	一般社団法人丹波免疫療法復興会専任講師	病気の本質とは　～活性酸素とＳＯＤ～	大開ビル別館
第103回	10月12日	笹川　尚子	株式会社ティー・オー・エス　フードコーディネーター　パーソナルスタイリスト	新規事業開発とブランディング　外食産業を取り巻く環境	大阪駅前第一ビル
		北本　光峰	東洋易学研究会・理事長	成功の鉄則…松下幸之助「自然の理法」とは？ 宇宙時計であなたの未来を探る！	
第104回	11月9日	沖田　康代	沖田税理士事務所税理士	消費税って益税？損税？税率10%時代へ向けて消費税の問題を考える	大開ビル別館
		布袋　正樹	関西国際大学経営学科　准教授	法人税減税について	
第105回	12月14日	船越　武英	プルデンシャル生命保険株式会社	相続大増税時代になった今、みなさんの相続は大丈夫でしょうか？ ～相続対策の「現状」と「矛盾」を交えながら、「有効」をお伝えします～	大阪駅前第一ビル
		米田　貴虎（よねだたかとら）	相続手続支援センター西日本本部代表／株式会社ブレーントラスト代表取締役	家族の絆のバトンタッチを手伝う相続支援事業 ～友人の相続手続きの感動が原点～	
平成26年					
第106回	1月11日	富永佳与子	公益社団法人Knots 理事長	ペットノミクス-温かな社会に生まれるビジネスチャンス	大開ビル別館
		土佐　浩史	株式会社ヴィーナスアセットコミュニケーションズ	まだまだ上がり続くか新年相場。アベノミクス大解剖	

回	月　日	講　　師		テーマ	会場
第107回	2月8日	中西　理翔	株式会社アル・コネクションプロダクツ 代表取締役	起業とビジネスの継続-ワークバランスの視点	大阪駅前第一ビル
		田中知世子	ピースクルーズ株式会社　代表取締役	看護師社長が目指す在宅介護～起業から10年そして これからの想い～	
第108回	3月8日	楠本　政彦	寺子屋　「流汗悟道塾」 塾頭	なぜ成功の華が小さくて、短期間しか咲かなかったのか？	大開ビル別館
第109回	4月12日	笠原　暁	有限会社Gyo Lighthouse社　代表取締役	中小企業米国販路開拓支援事業の地域支援団体との取り組み	大阪駅前第一ビル
		久木元悦子	ぬくもりサロン芦屋　代表	あたためる生き方	
第110回	5月10日	雨松　真希人	非営利任意団体CLCおおきな歯こども基金	新たな仕組みによる歯科医療費の無料化事業	大開ビル別館
		Mr.Kei		大人のための【フュージョン・オブ・ザ・イリュージョン】のプレゼンテーション	
第111回	6月14日	田村　勇二	メインソリューション株式会社代表	クラウドで今までの仕事が通用しなくなる！ 未来のビジネスはどう変わるのか	大阪駅前第一ビル
		小川　勝夫	オガワ経営事務所代表 税理士・中小企業診断士	起業支援・税理士業・コンサルトの経験から得た経営で大切なこと	
第112回	7月12日	大田　勉	ニッケイ・グローバル㈱代表取締役	負けにくい投資7つの原則・お金値の殖やし方・残し方	大開ビル別館
		飯田　真弓	一般社団法人日本マインドヘルス協会代表理事	税務署は見ている～元国税調査官の視点で会社を良くする～	
第113回	8月9日	岩崎　和文	岩崎公認会計士・税理士事務所代表	成長企業に備わっていること ～株式公開に向けて～	大阪駅前第一ビル
		土佐　浩史	㈱ヴィーナスアセットコミュニケーションズ	ニーサで資産を増やせるか？本音で語る資産運用	
第114回	9月13日	塚本安希子	エルシー物流㈱代表／エルシー行政書士事務所代表	阪神大震災からの営業マインド～震災によるリストラから、物流会社経営・行政書士事務所開業に至るまで～	大開ビル別館
		小林　宏至	㈱甲南アセット 代表取締役	塾長講話	
第115回	10月11日	岩間　大地	㈱日本総合コンサルティング 北野会計事務所 資産税担当	盛り上がる相続ビジネス～今こそ望まれる本当の相続対策～ 」 ―相続税を知らなかったお客様に何をお伝えするか― ―相続税ビジネスに参入する競合との差別化は―	大阪駅前第一ビル
		青石　静香	㈱青石　代表取締役	国際社会に繋がる起業～企業文化、習慣、思考の違いから国際感覚を学ぶ～	

回	月　日	講　　師		テーマ	会場
第116回	11月8日	水川　明	アロマ株式会社代表	病気にならない生き方	大開ビル別館
		北本　光峰	東洋易学研究会理事長	―未来が見えれば、行動が変わる！生き方が変わる！― 未来が見えるふし穴、そっと覗いてみませんか	
第117回	12月13日	羽昊　雄柄	㈱リプロス　代表取締役	夢サイクル	大阪駅前第一ビル
		岡田　敏明	㈱システムユニ代表取締役	親日と反日の関係：「台湾を愛した男　八田與一物語より」映画KANOの来春全国放送に先駆けて	
平成27年					
第118回	1月10日	松本　茂樹	関西国際大学　経営学科　准教授	還暦を迎えて～すべては人との出会い～	大開ビル別館
		土佐　浩史	㈱ヴィーナスアセットコミュニケーションズ	まだまだ上がり続くか新年相場。続編 アベノミクス大解剖	
第119回	2月14日	高松　洋	工学博士	3.11 フクシマその後と新基準による再稼動条件	大阪駅前第一ビル
		高山　結衣		あなたは身の回りに落ちている、チャンス、財宝、宝物、を見逃している！	
第120 回	3月14日	窪田　勲	証券アナリスト	ここだけの話です！円安？円高？いいのはどっち？収入が増える政策と景気のつかみ方	大開ビル別館
		大澤　邦章	㈱オーシャンネットワーク配達代行事業	“街の宅配屋さん”今後の事業展開について	
第121回	4月11日	山田　哲也	社団法人日本写真家協会会員	ファインダーから観た経営者たち	大阪駅前第一ビル
		大野　長八	大野アソシエーツ　代表	高齢化社会と女性の時代・事例研究 女性専用フィットネス・カーブス	
第122 回	5月9日	小鷹　智	ＮＰＯ法人みちしるべ神戸　本部長	障害者の可能性を引き出すために	大開ビル別館
		田中　昌平	おくゆき工房株式会社　代表取締役	３Dデータの最新技術によるサービス展開と、日本とサンフランシスコのベンチャーへの考え方の違い	
第123回	6月13日	坂本　充	㈱マネジメントエフ　代表取締役	出逢いと学び	大阪駅前第一ビル
		坂川　弘幸	日本経済新聞社大阪本社	日本経済新聞に見る経営の勘どころ	
第124回	7月11日	福島　有二	㈱ケアラー代表取締役／一般社団法人KSIA専務理事	学生起業は是か非か	大開ビル別館
		窪田　勲	証券アナリスト	「高校生ビジネスプランの最新動向！」～大人顔負けのびっくりプレゼン続出！日本政策金融公庫　高校生ビジネスグランプリから～	

回	月 日	講 師		テーマ	会場
第125回	8月8日	みやざき あゆみ	アトリエリーフノート主宰	人生に彩りを～似合う色で輝きUP～	大阪駅前第一ビル
		鈴木 邦明	㈱イーサーブ代表取締役 鈴木会計事務所所長	わかりやすい経営数字～利益が出ても倒産してしまう！数字に弱い経営者は失敗する！～	
第126回	9月12日	植田 実	㈱サンクレスト代表取締役	ヒット商品は女子高生・ギャルママに聞け！	大開ビル別館
		戸田 浩司	㈲プロフィット代表取締役	「起業者向けセミナーの現場からのヒント」 ・セミナー講師から見た、起業の現状 ・今、起業に必要なモノとは？	
第127回	10月10日	盛本 修司	㈱モリモト医薬代表取締役	食べ物・薬の飲み込み事故ゼロへの仕組み開発！～武田流トップシェアのつかみ方～	大阪駅前第一ビル
		上田 真士	㈱ミッションラーニング代表取締役	右腕を育てましょう！～人材不足時代の育成方法～	
第128回	11月14日	浜崎 重孝	㈱アイザック 代表取締役	形無き商品から、ものづくりへの転換～25歳でシステム会社を創業し、今年25年を経過した企業のあゆみと今後の展望～	大開ビル別館
		井辻 孝之	㈱スクウェア代表取締役	助成金を活用した無駄のない資金調達・人材育成	
第129回	12月12日	山田 和弘	N.Y.総合事務所主宰	日本の商業界の『今まで』と『これから…』	大阪駅前第一ビル
		高野 直樹	㈱ＴＡＴ 代表取締役社長	50歳で創業し、経営指針書に助けられて	
平成28年					
第130回	1月9日	松本 茂樹	関西国際大学 経営学科長	「シリコンバレーのエコシステム」～シリコンバレーではいったい何が起きているのか われわれはこれをどう活用すればよいか～	大開ビル別館
		北本 光峰	東洋易学研究会理事長	成功の秘訣はここにある！宇宙の真理の不思議を目の前でお見せします	
		楊 風明	㈱For you 不動産事業部	中国から見る日本の不動産市場の魅力	
		陳 太智	㈱For you副社長		
		川村 忠隆	日本経済大学教授		
第131回	2月13日	谷岡 一治	㈱谷岡ドレス 代表取締役会長	シニアが持つ技術と感性を社会貢献へ～シニアの技術は知恵と感性の集積～	大阪駅前第一ビル
		小原 隆史	エール㈱代表取締役／NPO法人琵琶湖ローイングCLUB代表理事	障がいがあっても、真ん中で活躍できる場所を目指して！！	
		土佐 浩史	㈱ノアズプランニング	資産運用で気をつけたいこと	

回	月　日	講　　師		テーマ	会場
第132回	3月12日	成生　治一	NPO法人ミッション・クラブ	成生治一の国際福祉起業家への挑戦～人の幸せは本質を悟る法眼（ほうげん）力　国家の成長は民の文化力にあり～	大開ビル別館
		北本　光峰	東洋易学研究会理事長	これからどうなる？～アメリカはイスラエル・サウジを見捨て、北英・欧米という言葉ももはや死後に近い。米国の転落で世界大激変！政治経済社会は勿論人の運勢も全て宇宙の摂理に従うことを知ろう！～	
第133回	4月9日	村岡　正和	バスタイムフィッシュ代表／㈱社デジタル・ラボ　社外取締役	ＩＴ技術者からみたウェアラブルデバイスＩＯＴについての期待と現状	大阪駅前第一ビル
		大澤　邦章	㈱オーシャンネットワーク代表取締役会長	『街の宅配屋さん』今後の事業展開～H27.3皆様から頂いたアイデアと経過報告　今後の事業展開について～	
第134回	5月14日	河野　誠	㈱カワノラボ　代表取締役	プリンターインク、日本酒、チョコレートなど新しい微粒子分析で世界へ！～大阪大学発ベンチャーの挑戦～	大開ビル
		水川　明	アロマ株式会社代表取締役	世界初！銀座や阪急百貨店も注目する大豆まるごとチョコレート作り	
第135回	6月11日	山本　吉大	㈱洸陽電機　代表取締役会長	Ｉ変化をリードしないか！？～神戸発エネルギーベンチャーの挑戦～	大阪駅前第一ビル
		竹本　公士	㈱山陽商会　代表取締役	建物オーナー様必見!!収入アップの方法と信用失墜の恐ろしさ！～消防設備とサイン（看板）について考える～	
第136回	7月9日	川口　徹	㈱カワグチマック工業代表取締役	成熟産業のイノベーション～成熟産業の包装資材メーカーにあって、どのようにイノベーションに取り組んできたか？～	大開ビル
		釣島平三郎	太成学院大学経営学部長教授／中小企業診断士	「縁ありて花開く」～起業家とご縁の法則～	
第137回	9月10日	種田　成昭	㈱Flucle（フラクル）代表取締役	企業とお寺を繋げて日本の本質を伝える会社Flucle～学生起業家、NPO職員、コンサルタントを経て何故いま起業したのか？関西でしか出来ないビジネスを模索して～	大開ビル
		北本　光峰	東洋易学研究会理事長	成功へのチャンスの研究・チャンスを掴む秘訣！	
第138回	10月8日	笹川　尚子	㈱ティー．オー．エス営業部フードコーディネーター	オリンピックに向かう日本市場　スポーツ＋産業界　産業界ＷＭＧ2021に期待する関西経済	大開ビル
		藤田　タケ子	株式会社エムエステー企画取締役	人間関係と言葉の表現	

回	月　日	講　　師		テーマ	会場
第139回	11月12日	青木　伸也	日本政策金融公庫国民生活事業神戸創業支援センター所長	日本公庫の創業支援と起業教育	大開ビル
		小山　茂樹	有限会社グリーンスペース造園代表取締役	『浮かせてキット』の普及～ミッションワークを生きる～	
第140回	12月10日	北本　光峰	東洋易学研究会理事長	あなた自身の運命周期表を、あなた自身の手で作っていただく特別実習講座～運を掴む秘訣！天中殺の秘密を学び、自分の運命周期表を知ろう！～	大開ビル
		土佐　浩史	日産証券プランニング	資産運用革命ここにあり	
平成29年					
第141回	1月14日	李　容淑	㈱リンカイ代表取締役社長／関西国際大学学長特別補佐	インバウンドツーリズムの可能性について	大開ビル
		松岡　義樹	㈱ジーコム　取締役	「グローバル時代における翻訳ビジネスの実態について」翻訳業務の変遷、業界の現況など	
第142回	3月11日	原　武嗣	㈱レポハピ　取締役	ベンチャーマインド　起業のタイミング	大開ビル
		下土井康晴	明興産業㈱　代表取締役会長	創業60年を振返って	
第143回	4月8日	寄玉　昌弘	㈱Ｓｙｄｅｃａｓ（シデカス）代表取締役	「介護パジャマ」を売っているだけの会社じゃありません！介護関連業界で“しでかす”Ｓｙｄｅｃａｓのユニバーサルデザイン事業	大開ビル
		古川　純一	ジャスト㈱　代表取締役会長	未来の常識は、現在の非常識から生まれる～「一人で暮らす」高齢者をきちんと見守るバインダーシステムのご提案～	
第144回	5月13日	谷岡　一治	㈱谷岡ドレス　代表取締役会長	モード屋・ＫＡＺの見た戦後ファッション60年の歴史・今昔物語～阪大医学部からアパレル業界へ華麗なる転身とその軌跡～	大開ビル
		新田　庸雄	㈱七旺社　代表取締役社長	印刷だけじゃない！印刷会社による新しい価値提供の試み～営業ツールの企画・提案を通じて中小企業の販路拡大・営業強化をサポート！～	
第145回	6月10日	小川　隆宏	IDECシステムズ&コントロールズ㈱アグリシステム事業部事業部長	IDECの次世代農業ターンソリュキューション～農業を魅力的に！日本の農業に革新を！～	大開ビル
		土井　貴達	土井税理士公認会計士事務所	『会計事務所と会社の経理がクラウド会計を使いこなす本』の著者が明かす「クラウドシステムを使用した業務改善、利益アップの秘訣」	
第146回	7月8日	南出　淳子	株式会社Boosters代表取締役	「新しい時代の活き方を創る」～21世紀の生き方のキーワードは、「diversity-多様性」	大開ビル

回	月　日	講　　師		テーマ	会場
第146回	7月8日	柴冨　裕紀子	The Green Venture Japan 代表／カーボンオフセットRun 神戸 実行委員会委員長	美しい地球を未来の子供達へ残す環境植林事業～主婦であり、ママである女性的観点から～	大開ビル
第147回	9月9日	中島三栄子	株式会社ママココ代表取締役	女性と子育てのサポートは何が正解？～女性活躍は日本と企業を救う？～	大開ビル
		片山喜市郎	Studio Kiichi オーナー兼デザイナー	創業100年を迎える靴屋の後継者の革小物『Kiichi』への挑戦	
第148回	10月14日	山本　吉大	㈱洸陽電気　ファウンダー／一般社団法人大吉財団　理事長	アントレプレナーという生き方～宿命に生まれ　運命に挑み　使命に燃える～	大開ビル
		みやざき　あゆみ	アトリエリーフノート主宰／臨床美術士	五感を総動員！臨床美術（クリニカルアート）で右脳的センスを鍛えよう！	
平成30年					
第149回	11月11日	小山　茂樹	㈲グリーンスペース造園　代表取締役	家庭でお手軽水耕栽培『水に浮かせてキット』販路拡大、ユーザーのネットワーク化戦略	大開ビル
第150回	12月9日	木田　聖子	㈱チャイルドハート代表取締役社長	少子化の中で大切なことー社会全体で子育てする仕組みー	大開ビル
		小林　宏至	㈱甲南アセット代表取締役	起業の鉄則研究会150回を振り返って	
第151回	1月13日	内海　芳宏	日本真珠輸出組合　専務理事	ブランディングの必要性と応用について	大開ビル
		土佐　浩史	資産運用アドバイザー	誰も語ろうとしない今後の日本経済行方	
第152回	2月10日	川口　加奈	認定NPO法人Hoomdoor	ホームレス状態を生み出さない日本へ	大開ビル
		窪田　勲	証券アナリスト	金融機関から信頼される経営目標の立て方にも役立つ！手軽にできる株価予測方法、良い銘柄の見分け方と2018年の株式相場見通し	
第153回	3月10日	福岡　裕典 赤松　映美	有限会社フクオカ機業 代表取締役	西陣織カーボン織物による伝統産業の発展と自動車業界を中心とした世界戦略	大開ビル
		井川　聡江	一般社団法人大阪あそ歩委員会理事	『大阪あそ歩』その仕組みと楽しみ方～歩いているだけで楽しいことが～	
第154回	4月14日	野村　忠司	大阪府民電力㈱代表取締役	新電力の特徴と大阪府民電力の強み	大開ビル
		正木　義久	川崎重工業株式会社　汐見寮	カワサキ営業一筋４０年	
第155回	5月12日	本下　瑞穂	株式会社コトバノミカタ代表取締役	コトバの『見方』を変えて、コトバを『味方』にする方法～「見て」楽しく文章力を育もう～	大開ビル
		三木谷　毅	株式会社グローバルITネット代表取締役	車椅子利用者が困らぬよう、駅を中心にルートマップを展開中	

回	月　日	講　師		テーマ	会場
第156回	6月9日	辻川　拓志	アンジップ㈱代表取締役	今どきのｗｅｂ制作会社の人材確保	大開ビル
		府川　浩	元　日本経済新聞社	広報が知りたい新聞記者の考え方	
第157回	7月14日	三浦　雅弘	㈱ファーストステーション専務取締役	先進安全技術を活用した事故ゼロ社会創造事業	大開ビル
		加藤　正芳	元　丸紅	商社生活を振り返って、サンパウロ（ブラジル）訪問	
第158回	9月8日	朝田　誠一	株式会社ベネフィシャルテクノロジー取締役	フォトシャワー～スマホで撮った写真をその場でスクリーンへ～	大開ビル
		藤原　雄輔	クロスライン株式会社CEO	外国人対応ビジネスについて（コンシェルジュ事業、中国人向け決済事業）	
第159回	10月13日	粟木　隆之	FPアセットデザイン㈱代表取締役	勝ち残るための戦略会計手法	大開ビル
		小野田　隆	元近畿大学　社会学国際社会論ar-mish講師	介護は突然やってくる	
第160回	11月10日	谷岡　樹	㈱八戸ノ里ドライビングスクール代表取締役	16歳からの起業塾	大開ビル
		村上　顕	中小企業診断士	置き薬というビジネスについて	
第161回	12月8日	佐竹　真綾	にっぽんお好み焼き協会会長／若竹学園学園長／てっぱん総本家株式会社代表取締役／お好み焼き活性化委員会メンバー	コミュニケーションツールとしてのお好み焼き	大開ビル
		社　義宣	特定非営利活動法人シヴィル・プロネット関西常務理事＆事務局長	NPO・ADRの挑戦＝トラブルだって怖くない！＝	
平成31年／令和元年					
第162回	1月12日	中西　正人	㈱キレイ代表取締役	人生に、おそいという年令はない！	大開ビル
		松本　茂樹	兵庫大学　現代ビジネス学部現代ビジネス学科 副学科長 教授	未来の話をしよう！　われわれは何をすべきか！	
第163回	2月9日	岡田　敏明	㈱システムユニ代表取締役	「ビジネスの失敗学」～新たな事業創造にむけて～	大開ビル
		後藤　大悟	コールドストレージ・ジャパン㈱	コールドチェーンが変われば世界が変わる	

回	月　日	講　　師		テーマ	会場
第164回	3月9日	田村　勇二	レンティ株式会社代表取締役	不動産テックプラットホーム	大開ビル
		永里真由美	株式会社マーレ代表取締役／株式会社キャリア・マム関西支部	女性がイキイキと働く環境づくりと女性の活躍について	
第165回	4月13日	大塚　尚武	株式会社ミュー代表取締役	苦痛なく全消化管検査が可能な自走カプセル内視鏡による健康寿命の延伸	大開ビル
		高田　寛	株式会社ＢＢＣ担当部長	非常用自家発電設備点検事業の市場の創出並びに展開について	
第166回	5月11日	内田　邦宏	株式会社タニモトコーディネーター／アカデミア二水会世話役	防災対策用、コインシャワー	大開ビル
		辻村　勇	メディカルエージェント／前グランソール奈良・海外事業部長／日本三易株式会社・取締役／有限会社キャリーオン・取締役事業部長	より健康に、安心の未来を目指して	
第167回	6月8日	西島　洋美	株式会社ｆ－ｐｚｌ代表取締役	キッチンから世界へ　f-pzl（エフパズル）の歩み	大開ビル
		クリストファーズ　クリスフランシス	iPresence合同会社代表	ロボットを使ったテレポーテーションで何ができるか	
第168回	7月13日	店橋　憲一	ハートケアライフサポート株式会社代表取締役会長	アプリを使った『携帯型小型心電計』ができること	大開ビル
		青山総一郎	三和紙器株式会社代表取締役社長／株式会社サンパック代表取締役社長	自社の商品開発の取り組みと今後変わらなければいけないこと	
第169回	9月14日	松本　博之	株式会社ユニコーン執行役員	株式投資型クラウドファンディング～スタートアップ企業の新たな資金調達手段	大開ビル
		羽田　憲司	白鴎株式会社代表取締役	海外人材の戦力化と成長戦略	
第170回	11月9日	秦　祐美子	合同会社ＬｉＰＲＯＧ Chief Executive Officer	ＷＡＴＥＲ ＭＡＫＥＲ ～大切な命を守る～	大開ビル
		飯田　敏之	飯田鍼灸整骨院総院長・柔道整復師	低価格施術+高売上のビジネスモデルの構築	

回	月　日	講　　師		テーマ	会場
第171回	12月14日	土井　敏久	お料理研究家	食事産業育成計画	大開ビル
		谷知　雅文	株式会社宮田運輸国際CSV事業部／一般社団法人こどもミュージアムプロジェクト協会事務局長	やさしいきもちがみらいをつくる	
		野田　蛍太	Creative Service Kingdom株式会社代表／大阪府立大学２回生）学生プロジェクトリーダー	アバターロボット“temi”　”s-mobi”の実証実験	
		小西　一彦	兵庫県立大学 名誉教授／西和総合研究所株式会社 代表／一般社団法人Ｈ＆Ｓ 代表	“ビジネスモデル”を考える～新しい時代と社会への挑戦～	
令和２年					
第172回	2月8日	西井　成樹	ｍｉｙａｋｏ起業部Team：BioLab-coto	機械学習を用いた微生物検査のスクリーニングシステム	大開ビル
		上仲　昌吾	１８０（ワンエティー）㈱代表取締役	壁のシェアリングエコノミー“ウォールシェア”	
		脇　豊和	(一社)日本植物由来乳酸菌推進協会理事	BBM植物由来乳酸生菌による新たな農業の確立	
		松岡　祥平	ｅｎ少短準備開発株式会社㈱代表取締役	少額短期保険の起業	
		右田　孝宣	株式会社鯖や　代表取締役 サバ博士	漁業版ＳＰＡで一次産業を活性化する川上→川下までの一気通貫モデル	

小林宏至・略年表

■和暦	■西暦	■小林　宏至	■社会の動き
昭和13	1938	神戸市東灘区本山北町にて出生。	国家総動員法公布。
19	1944	6歳。本山第一小学校入学。	学童疎開始まる。 東南海地震（12月）。
20	1945	7歳。	8月15日、終戦。 GHQ日本占領、農地改革を指令。
21	1946	8歳。	日本国憲法公布（11月3日）。 空前の出版ブーム。
25	1950	12歳。灘中学入学。	朝鮮戦争勃発。 日本労働組合評議会（総評）結成。
28	1953	灘中卒業・灘高等学校入学。	朝鮮休戦協定調印。 中国からの引揚げ開始。
29	1954		プロレスブームに、街頭テレビに黒山の人。
31	1956	灘高等学校卒業。 大阪府立大学工学部入学。	流行語「一億総白痴化」「もはや戦後ではない」「太陽族」など。

昭和32	1957		ソ連から最後の帰国船、舞鶴港に。
34	1959		日産、ダットサン・ブルーバードを発売。 マイカー時代の幕開け。 国民年金制度発足。
35	1960	大阪府立大学工学部卒業。 川崎航空機工業株会社（現・川崎重工業）に入社。 本社経営企画部所属。	池田内閣　国民所得倍増計画を決定。
37	1962	神戸大学経営学部第2課程学士入学。	機械製品輸出が繊維製品輸出を抜く。 キューバ危機。
38	1963	中小企業診断士（鉱工業）登録。	経済白書「先進国への道」発表。 ケネディ米大統領、ダラスで暗殺。
40	1965	神戸大学経営学部卒業。発動機事業部へ転籍。	下半期よりいざなぎ景気（～1970年まで）。 米軍、ベトナム北爆開始。
42	1967	技術士（生産管理部門）登録。	公害対策基本法公布。 国民の9割が中流意識（国民生活白書）。 第3次中東戦争。
44	1969		初の「公害白書」発表。 大学紛争激化。 ベトナム戦争泥沼化。
47	1972		田中角栄「日本列島改造論」発表（6・11）。 田中首相訪中、日中国交正常化。 浅間山荘事件。

昭和48	1973	川崎重工業㈱に13年勤務後、志を得て独立。JR摂津本山駅近くのマンションの1階の店舗にて「アートビューロゆとりろ」を開店。工芸画販売をはじめる。兵庫県・神戸市嘱託診断員	変動相場制へ移行、円急騰。石油ショック。ガソリン・紙など品不足、スーパーマーケットに買いだめ客殺到。ベトナム和平協定調印。第4次中東戦争勃発。
49	1974	大丸に出店	戦後初のマイナス成長、狂乱物価。東京にコンビニ第1号「セブンイレブン」。ニクソン米大統領、ウォーターゲート事件で辞任。
50	1975	工芸画販売のかたわらインド民芸品の取り扱いをはじめ各百貨店で展開する。	不況の深刻化。ベトナム戦争終結。
51	1976	大丸・高島屋に出店	ロッキード事件で田中前首相を逮捕。南北ベトナム統一。
52	1977	「株式会社甲南美術工芸社」を設立。インド更紗の流行にともない、エスニック衣料を阪急百貨店を中心に取扱い販売をはじめる。	日本の男女・平均寿命が世界トップに（男72・69歳、女77・95歳）。日航機、日本赤軍にハイジャックされる。200カイリ時代（米・ソ、漁業専管水域実施）。
54	1979	なんば高島屋にて輸入唐木家具の取り扱い販売をはじめる。	第2次石油ショック。政府、石油消費削減政策を発表。
56	1981	株式会社東洋ヘルシーを設立。日本健康増進研究会の代理店センターとして健康寝具器具の販売をはじめる。	「小さな政府」をめざす臨時行政調査会。神戸で博覧会「ポートピア81」。中国残留孤児47人、初の正式来日。

昭和58	１９８３	「株式会社甲南美術工芸社」を「こうなん美術株式会社」に名称変更。	中国自動車道全線開通。 東京ディズニーランド開園。
59	１９８４	百貨店卸販売業の下請け的な業態から独自店舗、独自商品、独自ブランドの自主的な業態に変身すべく新規事業の調査研究をはじめる。	第23回オリンピック開催（ロスアンゼルス）。 ソ連ボイコット、中国初参加。
61	１９８６	「株式会社ファース」を設立。ファッション・リフォーム業に参入。 「ファース」の店名で第一号店。 池田アゴラ店・千船アバリーナ店・岡本店・西宮店と展開する。	男女雇用機会均等法施行。 バブル経済真っただ中。 チェルノブイリ原発事故。
63	１９８８	店名「ファース」を「私のお針箱」に変更し、大丸神戸店、千里阪急店、住吉「ＳＥＥＲ」店と百貨店、ショッピングセンター量販店にて販路を拡大する。 甘党の店「こうなん天徳」を新規開店。岡本店、コープ西宮北口店、コープ深江店へと展開する。	東京の地価前年比68・６％上昇、史上最高。 世界最長の青函トンネル開業。
平成元	１９８９	ディスカウントチケット「甲南チケット」を設立。 岡本店、西宮店を開店する。	昭和天皇大喪の礼（２月24日）。 消費税３％スタート（４月１日）。 天安門事件。ベルリンの壁崩壊。
2	１９９０		東西ドイツ統一。 株価急落、バブル崩壊。 記録的な猛暑で水不足が深刻。

平成３	１９９１		湾岸戦争。ソ連邦解体。エコロジーブーム。
４	１９９２	チケット事業の体制確立に伴い「有限会社甲南チケット」を法人設立。百貨店業界から撤退。	ブラジル・リオデジャネイロで地球環境サミット
５	１９９３		細川内閣発足、首相の「間違った戦争」発言（８月）。環境基本法成立（11月）
６	１９９４		関西空港開港（９月）。製造物責任公布（ＰＬ法）。
７	１９９５	神戸中心の店舗展開を見直し全国展開を模索する。携帯電話ショップ「パルショップ」設立。生田ロード店・岡本店・元町店・メトロ神戸店を出店。地域一番店となる。	１・17阪神淡路大震災。自宅マンション、甲南チケット「生田ロード」店全壊。その他各店も損壊。地下鉄サリン事件。「容器包装リサイクル法」公布。
８	１９９６	ＪＲ摂津本山駅、近にて本社事務所を新築落成する。	ＹＡＨＯＯ！ＪＡＰＡＮがサービス開始。
９	１９９７	「ミシン工房」を神戸大丸店に出店。	山一証券経営破綻、三洋証券倒産。地球温暖化防止京都会議開催。
10	１９９８		長野オリンピック（２月）。明石大橋開通。「家電リサイクル法」公布。
11	１９９９	携帯電話事業「パル・ショップ」をＭ＆ＡでＨ通信会社に売却、撤退する。	自衛隊初の海外警備行動。食糧・農業・農村基本法成立。

平成13	２００１	ディスカウント化粧品「コスメパル」を設立。元町店、岡本店を開店する。靴、鍵の修理　リペアーショップ「くっく・ばっく」を設立。チェーン展開をはじめる。	ITバブル崩壊 アメリカ同時多発テロ（９・11）。
14	２００２		金融再編成、造船業界再編成。経団連と日経連が統合「日本経団連」に。
15	２００３		イラク戦争開戦。 「食品安全基本法」公布。
16	２００４	株式会社甲南アセット設立。不動産投資・貸ビル業をはじめる。	自治体「平成の大合併」本格化。
19	２００７	不動産事業の設立に伴い、株式会社甲南チケットをＭ＆Ａにより売却。 ディスカウントチケット業より撤退する。	日本郵政株式会社が発足（日本郵政公社が解散）。
20	２００８	次男独立創業（甲南エステート）。 大同生命明石ビル取得。	リーマンショックから世界同時不況へ。 日本人としては史上最多の４人（米国籍１人）がノーベル賞を受賞。
21	２００９	ベルエアー江上を取得。	裁判委員制度開始。米国、黒人初のオバマ大統領（第44代）。消費者庁と消費者委員会設置。
22	２０１０	甲南アセット中之島ビル／阪神尼崎駅前ビル／第百生命神戸三宮ビルを取得。	流行語「無縁社会」。
23	２０１１	高松番町壺井ビル／梅田ＡＤビルを取得。	東日本大震災（３・11）。 国際宇宙ステーション完成（１９９８開始）。

平成24	２０１２	第一生命明石ビル／あいおいニッセイ同和損保小倉ビルを取得。	
25	２０１３	㈱コーナンファース次男へ売却にて撤退。徳島Ｊビル（元ジャストシステム本社ビル）／徳島Ｊビル別館／豊橋コアビル／サザン水戸ビル取得。	世界の人口が70億人突破。富士山が世界遺産登録。和食が無形文化遺産登録。
26	２０１４	阪神伊福ビル／徳島第一ビル／水戸城南ビル／名古屋三博ビルを取得。	消費税が５％から８％、17年ぶりの消費税増税。
27	２０１５	平塚ビル／松江ビル／青森ビルを取得。阪神流通センター取得。	パリ多発テロ、靖国爆発物事件。マイナンバー制度がスタート。「ふるさと納税」に人気。
28	２０１６	秋田山王21ビル／鹿児島加治屋町ビル／ＮＬＰ秋田ビル／小倉ＫＭＭビル／米子ビルを取得	電気小売り全面自由化。
29	２０１７	リーガル松本ビル／水戸ＦＦセンタービルを取得	製造業大手の不祥事が多発。前年２０１６年生れの新生児１００万人割れ（97万人余）。九州北部豪雨。
30	２０１８	盛岡ビル／千葉中央ビルを取得	記録的な豪雨・暴風・地震が全国各地で頻発。
31 令和元	２０１９	福井放送会館、ファース甲府ビルを取得	超大型台風、東日本の河川氾濫、甚大な被害を及ぼす。天皇明仁が退位され上皇に（４.30）、天皇徳仁が即位（５.１）
2	２０２０	ファース堺ビル／ファース土浦ビル／小倉ＫＭＭビル別館・西館・パーキングビル／ファース長岡ビルを取得	コロナ禍、東京オリンピック・パラリンピックが史上初の延期。

甲南アセット沿革

	取得ビル		売却ビル	
2004 （平成16年）	・株式会社甲南アセット設立			
2004 （平成16年）	5 棟 取得	和田宮桜井ビル、トーヨービル 神戸エステートビル 吹田サンプラザビル、二葉ビル		
2005 （平成17年）	5 棟 取得	大開ビル、プランドール加古川 トーアハイツ、南堀江メゾン 伊藤ビル		
2006 （平成18年）	6 棟 取得	ワークステージ西宮、笹原ビル サンメイビル、　北新地VIPビル 谷町ビル、伸光ビル		
2007 （平成19年）	2 棟 取得	出石コウノトリグランドホテル 大開ビル別館		
2008 （平成20年）	1 棟 取得	大同生命明石ビル		
2009 （平成21年）	2 棟 取得	ベルエアー江上町ビル 甲南アセット中之島ビル		
2010 （平成22年）	2 棟 取得	阪神尼崎駅前ビル、 第百生命神戸三宮ビル		
2011 （平成23年）	2 棟 取得	高松番町壺井ビル、梅田ADビル	5 棟 売却	吹田サンプラザビル、二葉ビル 伊藤ビル、サンメイビル、谷町ビル
2012 （平成24年）	3 棟 取得	第一生命明石ビル あいおいニッセイ同和損保小倉ビル 徳島Jビル（元ジャストシステム本社ビル）／徳島Jビル別館	4 棟 売却	南堀江メゾン、伸光ビル 出石コウノトリグランドホテル 梅田ADビル
2013 （平成25年）	2 棟 取得	豊橋コアビル、サザン水戸ビル	3 棟 売却	神戸エステートビル、トーアハイツ ベルエアー江上町ビル
2014 （平成26年）	4 棟 取得	岡山伊福ビル、徳島第一ビル 水戸城南ビル、名古屋三博ビル	1 棟 売却	北新地VIPビル
2015 （平成27年）	4 棟 取得	平塚ビル、松江ビル、青森ビル 阪神流通センター内の倉庫	3 棟 売却	プランドール加古川 阪神尼崎駅前ビル、豊橋コアビル
2016 （平成28年）	5 棟 取得	秋田山王21ビル 鹿児島加治屋町ビル NLP秋田ビル、小倉KMMビル 米子ビル	4 棟 売却	和田宮桜井ビル、笹原ビル あいおいニッセイ同和損保小倉ビル 岡山伊福ビル
2017 （平成29年）	2 棟 取得	リーガル松本ビル 水戸FFセンタービル		
2018 （平成30年）	2 棟 取得	盛岡ビル、千葉中央ビル	1 棟 売却	青森ビル
2019 （令和 1 年）	2 棟 取得	福井放送会館、ファース甲府ビル	3 棟 売却	ワークステージ西宮、トーヨービル、 阪神流通センター倉庫
2020 （令和 2 年）	6 棟 取得	ファース堺ビル、ファース土浦ビル、小倉KMMビル別館・西館・パーキングビル・ファース長岡ビル		

甲南アセットグループ所有ビルマップ
（全31物件）

あとがき

本書は、この春には出版される予定でした。ところが、新型コロナウイルスの猛威により、ありとあらゆる計画が中止に追い込まれてしまいました。４月にはついに緊急事態宣言が発令され、東京オリンピック・パラリンピックは史上初の中止延期となり、企業の経済活動はもとより社会全般のすべての活動が史上初といってよい甚大な被害をこうむり、いまなおそれが続いています。３月６日開催予定だったコーナン財団の「ビジネスモデル・コンテスト」の審査も、７月に延期となりＺＯＯＭでの開催となりました。

こうした深刻な状況の中でも人は日々働き、社会経済を動かしていかなくてはなりません。経済活動というものは、まさに生命の血液循環と同じだからです。ソーシャルディスタンスや３密（密閉、密集、密接）といった自己規制の継続は、今後もやむを得ないことでしょうが、とにかく血液循環（経済活動）をさせないことには、コロナ禍以上に悲惨な状況に陥ることになるでしょう。

言うまでもなく、これまでも人類はさまざまな困難を克服してきたからこそ、今日があります。こういう困難な時こそ、飛躍と進歩のためと前向きに捉えていく必要があると思います。実際のところ今、アフターコロナ、ウィズコロナといった言葉をキーワードにした新たな取り組みが、企業や団体、一般の人々の間でも次々と生まれてきています。おそらく数年後には、そうした取り組みの中から、社会のニーズにマッチしたこれまで想像もできなかった新規のビジネスモデルも誕生し、成長していくことでしょう。

ところで本書のタイトルは、あうん社の平野氏が名付けたものですが、「起業の鉄則（ビジネスモデル）より商人道をタイトルの先にした理由を、こう語っていました。「たとえ確かなビジネスモデルがあっても、虎の巻があっても、経営者の哲学や理念、つまり商人道がなければ、そのビジネスは成功しないでしょう」と。まったくそのとおりです。

私は、「起業の鉄則塾」や講演などでビジネスモデルの重要性を言い続けてきましたが、車の両輪ともいえる商人道がなければ進むべき道を誤ります。経営者の理念や哲学ともいうべき商人道がぐらついていては、成功はおぼつかないのです。ビジネスモデルは社会のニーズによって変わるものですが、商人道は普遍的なものだからです。その意味において本書のタイトルどおり、商人道があっての起業の鉄則（ビジネスモデル）です。

２００４年の５月に始まった「起業の鉄則研究会」は、本年２月に第１７２回を開催して以来休止されたままですが、いつ再開するのかという声が多く寄せられています。私としても近い将来再開できることを願っています。そして、私の健康の許す限り会を積み重ねることで、一人でも多くの起業家たちが集い、互いに研鑽しあい、関西はもとより全国、あるいは世界にも羽ばたくようなロマンのある事業家が出てくることを、心の底から念じています。

最後になりましたが、処女出版（『失敗しない起業の鉄則』）のときからずっと私の著書の企画編集に協力していただいたあうん社の平野智照氏には改めてお礼申し上げます。また、これまで私と支えてくれた家族をはじめ、諸先輩方や友人知人、そして社員一同にも心から感謝申しあげます。

令和２年初秋

小林　宏至

手のひらの宇宙ＢＯＯＫｓ®第27号
商人道と起業の鉄則

2020年11月12日　初版１刷発行

著　　　者　小林　宏至
発　行　者　平野　智照
発　行　所　㈲あうん社
〒669-4124 丹波市春日町野上野２１
TEL(0795)70－3232 FAX70－3200
URL http://ahumsha.com
Email:ahum@peace.ocn.ne.jp

製作 ● ㈱丹波新聞社
印刷・製本所 ● ㈱遊文舎

＊落丁本・乱丁本はお取替えいたします。

ISBN978-4-908115-26-4　C0063
＊定価はカバーに表示しています。